Percio Sapia
Método de bateria

Percio Sapia
Método de bateria

LARANJA ● ORIGINAL

São Paulo - 1ª edição - 2021

À minha família, Isabella, Thiago e Valéria, à minha mãe, "dona" Nacir, a Beto, Tati, Bibo, Rafa e àquele que me incentivou e me fez músico, meu pai, Gilberto Sapia.

Aos meus irmãos de estrada que a vida presenteou. Sem essas pessoas, jamais eu teria condições de escrever um método e assim trazer um pouco mais da minha música para o mundo: Filipe Moreau, Gustavo Moreau, Beto Moraes, prof. Chumbinho, Rubinho Barsotti, Luiz Chaves, Amilton Godoy, Luiz Carlos Dias Oliveira da Paz, Prof. Fernando Mota, Profa. Maria Lucia Cruz Suzigan, Prof. Geraldo Suzigan, Lito Robledo, Itamar Collaço, Marinho Boffa, Vinicius de Camargo Barros, Mario Andreotti, Cláudio A. S. Maluf.

Sumário

Nota do autor   11

Introdução Diferentes métodos para o estudo rítmico   13

Capítulo 1

Uma breve história dos rudimentos e da bateria   15
    Rudimentos   15
    Bateria   18
Importância de praticar os rudimentos   21

Capítulo 2

Divisão rítmica e notação musical   23
    Pulsação   23
    Uso do metrônomo   23
    Compasso   25
    Barra de compasso   25
    Sinal de repetição   25
    Compassos binários, ternários e quaternários   26
    Alguns exercícios de fixação   27
    Exercícios de fixação transformados em partituras reais   27
    Pentagrama: linhas e espaços   29
    A bateria escrita no pentagrama   29
    Tabela comparativa de valores   30
    Figuras e pausas   31
    Fórmula de compasso   32
    Tipos de compasso   33

Capítulo 3

Tocando bateria	35
Postura	35
Técnicas de baquetas	36
Técnicas de pedal	37
Alongamentos e aquecimento	38
Exercícios iniciais	40
Toques alternados	41
Agrupamentos: colcheias ou figuras 8 e semicolcheias ou figuras 16	42
Tocando bateria e lendo a partitura	43

Capítulo 4

Estudando os rudimentos	45
Os 40 rudimentos divididos em 4 famílias	45
Rulo simples (Single Stroke Roll)	50
Colcheias e semicolcheias	50
Colcheias e tercina de semicolcheia	50
Exercício para adquirir velocidade e resistência	51
Rulo de 4 toques simples (Single Stroke Four)	51
Rulo de 7 toques simples (Single Stroke Seven)	52
Rulo de pressão ou "Buzz Roll"	52
Rulo de 5 toques (Five Stroke Roll)	52
Rulo duplo ou papa-mama (Double Stroke Roll)	52
Como estudar	53
Colcheias e semicolcheias	53
Papa-mama com o segundo toque acentuado	53
"Papa-mama tercinado"	53
Paradiddle	53
Flam	54
Drag	54

Capítulo 5

Aplicação dos rudimentos	55
Aplicação do rulo simples	55
Aplicação do rulo de 4 toques	56
Toques em peças variadas	56
Aplicação do rulo de 7 toques	56
Aplicação do rulo de pressão	57
Aplicação do rulo de 5 toques	58
Aplicação do flam	58
Aplicação do drag	58
Aplicação do paradiddle	59
Exercícios complementares	60
Rulos duplos	60
A recomendação de Mr. Weckl	61
Tercinas na caixa, bumbo e tons	62

Capítulo 6

Como ouvir uma música	63
Ritmos de Rock	64
Tipos, derivações ou subgêneros	64
Para entender o Rock'n'roll	65
Ritmo de Rock e fill (exemplo de "virada" – descubra a sua)	66
Ritmos de Rock usando figuras 8 e 16	66
Ritmos de Rock de bandas mais conhecidas	68

Capítulo 7

Minha experiência com o *Zimbo Trio*	75
Trajetória profissional	82
Depoimentos	85

*Percio Sapia, Rubens Barsotti e
Giba Favery no CLAM, em 1992*

Este método tem como objetivo ensinar a leitura e escrita musical rítmica, passando informações sobre os rudimentos e sobre como estudá-los corretamente. Assim, pretendo introduzir o aluno no mundo da música pelos seus mais variados ritmos: "batidas", "levadas" e *grooves* do rock.

O gênero *Rock*, nascido nos Estados Unidos, acabou fazendo sucesso na Inglaterra e voltando depois à sua origem, já com muitas modificações e inserções novas, inclusive de outras culturas. Assim, apesar de sua simplicidade, esse tipo de ritmo e música passou a ter inúmeras variações.

Se observado de um ponto vista mais amplo, o estudo da música é praticamente infinito, existindo inúmeras maneiras de aperfeiçoar o uso do instrumento. Mesmo se seu objetivo for o de apenas *tocar* rock, também encontrará uma infinidade de métodos sobre o assunto. Um dos melhores, para iniciantes, é o *Realistic Rock*, de Carmine Appice. Mas se sua intenção for a de ir mais longe, existe um universo musical que é praticamente infinito.

Se pensarmos apenas no Brasil, existem mais de duas centenas de ritmos, e não seria possível dominar tudo em uma única vida. Mais do que isso, seria ainda necessário adaptar à bateria os instrumentos tocados em todas essas músicas, reduzindo suas possibilidades. Para aprender a tocar todos esses ritmos nas suas reais formas, com seus instrumentos nativos, levaríamos muito tempo apenas para viajar de um lugar ao outro. O Brasil musical é imenso.

Em um próximo método faremos uma viagem a partir de New Orleans, onde nasceu a música americana entre descendentes dos que chegaram à região como escravos. Iremos do *Spiritual* ao *Fusion*. Em outro método, poderemos partir para os ritmos do Brasil, e você vai se surpreender com a quantidade e a qualidade da nossa música.

Estudem com vontade, não percam tempo tentando dar "saltos" que não existem. Se existisse alguma maneira de aprender música tomando uma pílula, ou meditando, eu já teria feito isso.

Abraços, Percio Sapia

Percio Sapia

drummer and producer

Introdução

Diferentes métodos para o estudo rítmico

Existem muitos métodos de bateria que levam ao aprendizado de ritmos e rudimentos e podem apontar a melhor maneira de aperfeiçoar sua técnica. Mas em minha longa experiência de 40 anos trabalhando em salas de aula e workshops, percebo serem poucos aqueles que ajudam a colocar o aluno no caminho certo. Tive a oportunidade de tocar em festivais importantes de diversos países, onde conheci inúmeras pessoas ligadas à música. Em relação aos métodos, a maior parte dos meus amigos bateristas concorda sobre serem poucos os que realmente fazem a diferença.

No trabalho aqui apresentado, meu maior objetivo é mostrar a você tudo o que vi de melhor entre os métodos mais importantes, e o que de fato tem funcionado tanto para mim quanto para os meus alunos. Nele, escolhi filtrar as aplicações práticas que dão resultado em termos musicais, ou seja, que não soam como meros exercícios. Elas fazem parte do meu repertório de uso constante nas apresentações.

É importante dizer que, se você não estudar corretamente, não dedicar o tempo necessário a que seus músculos e seu cérebro "copiem" a informação estudada, todo o esforço terá sido em vão. O estudo da música como um todo envolve horas e horas de treino, parte no instrumento e parte fora dele. Eu diria que é praticamente impossível alguém que não ouve música todos os dias saber tocar bem algum instrumento.

E não basta apenas ouvir qualquer música, pois existem referências e estilos musicais que não podem ser deixados de lado. Não me refiro somente a músicos (bateristas, pianistas etc.) e sim ao próprio estilo musical. Ninguém que ouve só rock consegue tocar jazz, e vice-versa. Esse, entre outros, é exemplo do que seria um erro gravíssimo para o estudo de música, pois se você não ouve um tipo de ritmo, não tem a referência.

Além de ouvir estilos diferentes, o ideal é ouvir de cada gênero no mínimo cinco músicos ou bandas distintas. Isso vai para a sua "biblioteca cerebral", e quando você for estudar, vai saber o motivo de os exercícios terem um determinado padrão. O ideal é que você tenha sempre a seu lado um professor que possa esclarecer e fortalecer o entendimento teórico e prático que será acumulado. Mas, se você deseja realmente ser músico, primeiro ouça muita música, sem preconceito. Na verdade, só existem dois tipos de música: a boa e a ruim. Toque de tudo e para todos: divida sua felicidade de ser músico com o mundo e só terá em troca as boas vibrações. Divirta-se!

Capítulo 1

Uma breve história dos rudimentos e da bateria

Rudimentos

Para entendermos os rudimentos é necessário voltarmos ao tempo dos povos primitivos e à criação dos primeiros tambores. Os tambores mais antigos encontrados em escavações são do período Neolítico (Idade da Pedra Nova ou da Pedra Polida, entre 10000 a.C. e 4000 a.C.). Em especial na Morávia, hoje República Tcheca, foi encontrado um tambor com cerca de 8 mil anos que estava surpreendentemente bem preservado.

Provavelmente estamos falando de algo que já fazia parte da vida do ser humano há muito mais tempo. Com algum grau de

certeza, podemos dizer que eles foram primeiramente criados para acompanhar as rezas e danças, em rituais. Na região do Brasil, por exemplo, já muito antigamente os pajés traziam os seus *maracás*, que eram uma espécie de chocalho; um instrumento de ritmo, portanto.

Os tambores também foram bastante utilizados nas guerras, servindo para direcionar as partes de uma legião de um lado a outro e ao mesmo tempo podendo amedrontar o inimigo com seus sons cadenciados e muito altos (o "rufar dos tambores").

Deu-se assim, pode-se dizer, o surgimento da "percussão" (do latim *percutere*), que significa bater em algo para se conseguir a emissão de um som: fazer esse som percutir e vibrar de onde está sendo tocado.

Aproximadamente no ano de 1700 d.C., os toques padronizados, que hoje chamamos de "rudimentos", foram acrescentados às marchas e guerras. Existem vários países que reivindicam a criação de alguns rudimentos, sempre partindo da escola militar, onde a marcha é tradicional.

Para deixar claro ao leitor e aluno de música, os rudimentos vieram de várias partes do mundo que hoje correspondem a países: Suíça, França, Espanha, Alemanha, Holanda, Inglaterra, Escócia e Estados Unidos entre outros. Cada um, de acordo com sua cultura, pôde desenvolver um estilo próprio e transmitir aos outros os seus conhecimentos de novos toques que surgiam.

Na Suíça, ainda em 1386, houve o primeiro registro de um toque padronizado ou tipo de rudimento que era executado por tropas militares. Já os americanos, independentes desde 1776, foram os que mais contribuíram com métodos e manuais. De lá para cá, vários professores fizeram escola, mas o primeiro a chamar os toques padronizados de rudimentos foi Charles Stewart Ashworth, em 1812.

Nos anos 1920, o suíço Fritz Berger, professor e autor de um método para tambor, teve grande influência ao fazer uso de notação musical com uma linha para cada mão. E nos anos 1930, o mesmo Fritz Berger, já na América, ministrou aulas para a prática dos rudimentos suíços.

Outro nome importante foi John Philip Sousa, criador de um manual que depois foi adotado pelo exército americano. Em 1925 Sanford Moeller criou uma lista de rudimentos para bateristas civis. A técnica Moeller é usada até hoje pelos melhores bateristas do mundo.

Outro método famoso que continua a ser estudado é o *Stick Control: For the Snare Drummer*, de George Lawrence Stone, que, junto com William Frederick Ludwig, criou uma lista dos 13 rudimentos essenciais, e outra com mais 13, formando assim os 26 rudimentos mais utilizados e importantes.

Já em 1970 a famosa *Berklee College of Music* usava métodos de Charles Wilcoxon e Alan Dawson, respectivamente *All-American Drummer* e *Rudimental Ritual*. São métodos de solos de caixa usando todos os rudimentos.

Hoje temos na PAS – *Percussive Arts Society* – a maior organização de percussão do mundo, uma central de informações e networking para percussionistas e bateristas. De acordo com a PAS, trabalha-se hoje com 40 rudimentos, que consistem nos 26 tradicionais mais alguns de *drum corps* (tipos de banda marcial ou fanfarra), orquestrais, europeus e contemporâneos. E temos ainda rudimentos híbridos.

Fontes informativas:
* ASHWORTH, John H. Charles S. *A new, useful, and complete system of drum beating*.
* BECK, John H. *Encyclopedia of percussion*.
* BRENSILVER, David A. *History of the snare drum: Eight centuries of innovation and ingenuity*.
* MATT, Dean. *The Drum: A History*.

Bateria

A bateria é um instrumento recente e que surgiu aos poucos, na virada do século XIX para o XX. Ao longo de décadas, novas peças foram acrescentadas de acordo com o gênero musical e a necessidade de utilização em cada lugar e época.

Já nos referimos ao tambor como o primeiro instrumento de percussão. Depois dos primeiros, feitos com peles de crocodilo para serem tocados com as mãos, eles se espalharam pelo mundo.

No século XVI, junto com os primeiros africanos que vieram para a América trabalhar como escravos, chegaram também os conhecimentos rítmicos e as técnicas construtivas desenvolvidos por milhares de anos, guardados na memória e passados de geração em geração. Aos poucos eles se incorporaram aos instrumentos e técnicas desenvolvidos pelos dominadores europeus.

Nessa época, entre as grandes potências militares, era comum os generais de exército se comunicarem com as tropas por meio de tambores. Em 1650 foi criada a primeira caixa, e só entre 1890 e 1920 foram criados o chimbal (*hi-hat*) e o pedal de bumbo. Aí já tínhamos quase um kit completo, estando muito próximos da bateria que conhecemos hoje.

Para quem se interessa por *records*, o primeiro baterista a usar dois bumbos foi Louie Bellson. Já tínhamos bons bateristas nessa época: Chick Webb e Gene Krupa, o primeiro baterista a criar um solo e trazer a bateria para a frente da banda ou orquestra.

Também não se poderia deixar de citar o maior de todos, na minha opinião: Buddy Rich. Foi ele quem criou uma espécie de explosão no instrumento, tocando com muita energia e fazendo solos inacreditáveis. Outro que merece ser lembrado é Steve Gadd, que trouxe uma nova concepção para o instrumento, com muito ritmo e musicalidade.

Esses dois grandes músicos influenciaram gerações de bateristas. Sem eles, a bateria jamais teria o "status" de hoje. E novos nomes contribuíram para que o nível fosse cada vez melhor: Art Blakey, Kenny Clarke, Max Roach, Ed Thigpen, Elvin Jones,

Joe Morello, Tony Williams, Jo Jones e, meu amigo e mestre, Mr. Colin Bailey, criador do método *Bass drum control*, entre muitos outros.

Depois desses "monstros", continuaram a vir outros: Jack DeJohnette, Jeff "Tain" Watts, Jeff Hamilton, Brian Blade, Peter Erskine, Terri Lyne Carrington. E finalmente aqueles já próximos aos dias de hoje: Billy Cobham, Narada Michael Walden, Tommy Campbell, Vinnie Colaiuta, Dave Weckl, Alex Acuña, Steve Smith, André Ceccarelli.

Todos eles me influenciaram e muito, pois eu ouvia música o dia todo e era "bombardeado" pelo som desses grandes músicos. E ainda outros bateristas me exerceram grande inspiração, independentemente do gênero de música que tocavam: Mike Clark, David Garibaldi, Lenny White, Casey Scheuerell, Carl Palmer, Ian Paice, John Bonham, Curt Cress, Alan White, Bill Bruford, Pierre van der Linden, Phil Collins e mais alguns.

No Brasil, de que já ouvi falar, além de ter ouvido ou tocado, existem mais de uma centena de ritmos. A bateria pode já ter chegado aqui entre os anos de 1917 e 1920, mas seria muito diferente da que conhecemos hoje. Na época, *Os Oito Batutas*, grupo do inesquecível Pixinguinha, fazia sucesso com um misto de bateria e percussão.

Talvez nenhum ritmo brasileiro tenha sido criado para bateria: todos foram criados com instrumentos de percussão. Eu diria que os bateristas foram adaptando os ritmos ao instrumento e, por consequência, pode ter sido criada a divisão entre bateria e percussão.

Para que você tenha uma ideia dessa quantidade de ritmos, aí vai: Baião, Xote, Xaxado, Tambor de Crioula, Bumba meu boi, Quadrilha, Ijexá, Cacuriá, Samba de Roda, Frevo, Maracatu, Ciranda, Boi de Alagoas, Lundu, Carimbó, Boi-Bumbá, Lambada, Maxixe, Marcha-Rancho, Samba, Partido-alto, Folia de Reis, Rasqueado, Cateretê, Vanerão, Rancheira, Chamamé, Bugio, Milonga, Coco e mais...

Entre os bateristas brasileiros mais importantes, que não poderiam deixar de ser citados, estão: Luciano Perrone (pioneiro do instrumento no Brasil), Edison Machado, Milton Banana,

Rubinho Barsotti, Toninho Pinheiro, Airto Moreira, Dom Um Romão, Wilson das Neves, Nenê, Heitor Guy de Faria, Paulo Braga, Pascoal Meirelles, Carlos Bala e mais uma quantidade imensa de talentos que eu nem tenho como escrever (faltaria papel…).

Fontes informativas:
* Conversas e entrevistas com Rubinho Barsotti.
* MARANHA, Alfredo. *Tocando o Brasil*. Editora: Alfredo Maranha.

Importância de praticar os rudimentos

Entender como isso tudo se deu historicamente poderá nos ajudar no estudo dos toques padronizados.

O que significa a palavra "rudimento"? São princípios, inícios, origens, primitivos, elemento básico (gosto deste termo), elementar, alicerce. Entretanto, é necessário que você, baterista, aprenda e conheça os 40 rudimentos mesmo sabendo que, provavelmente, só virá a utilizar cerca de 20.

Isso vem da minha experiência: ministrando aulas desde 1978, tocando em bandas de baile, fazendo gravações de trilhas, *jingles*, acompanhando cantores, trios, quartetos etc., tudo me mostrou que você vai utilizar no máximo 20 rudimentos.

Vamos falar primeiro dos sete rudimentos essenciais. Sem eles, os outros não existiriam. Eles são realmente a porta de entrada para os outros 33 e mais alguns híbridos.

São eles: *rulo simples* (single stroke roll), *rulo de pressão* (buzz roll), *rulo duplo* (papa-mama), *rulo duplo de cinco toques*, *flam*, *paradiddle* e *drag*.

Para dar sequência à sua formação de bom baterista, é necessário que estude muito esses sete rudimentos. O ideal é estudá-los todos os dias, por pelo menos uma hora. E estou falando de estudar *pelo menos* esses sete.

Não existe (se existisse eu seria o primeiro a experimentar, como cheguei a dizer aqui) um método, manual, pílula ou remédio que faça você tocar sem ser estudando de verdade. Quando digo estudar "de verdade" me refiro à quantidade de horas por dia e à qualidade do seu estudo.

Tudo começa muito lento e com atenção, observando os movimentos e guiando-se pelo metrônomo, peça fundamental no estudo de qualquer instrumento. Quem não toca no tempo, ou na *pulsação*, não consegue tocar com ninguém. Isso é fato!

Meu amigo e mestre Rubinho Barsotti me dizia que tudo na vida segue um padrão. Por exemplo: uma árvore não cresce em dias, um bebê não sai correndo antes de engatinhar e andar. Foram sábias as palavras dele: "a natureza não dá saltos", "não se pula nenhuma etapa". Ou ainda: "não se desce ou sobe uma escada de três em três degraus, mas de um a cada vez".

Minha proposta neste método é o conhecimento de base: os alicerces necessários à construção de um grande músico.

Capítulo 2

Divisão rítmica e notação musical

Pulsação

A primeira coisa que nos chama a atenção em uma música, na grande maioria das vezes, é a pulsação. E o que é "pulsação"? Se tomarmos como exemplo o nosso coração, ou alguém andando, vamos entender melhor o significado dessa palavra. Se estamos deitados, sentimos o coração em uma pulsação lenta. Ao nos levantarmos, essa pulsação aumenta de velocidade; se nos movimentamos com pressa, ela aumenta ainda mais. Essa mesma gradação pode ser sentida comparando-se a alguém que esteja parado, andando ou correndo.
A *pulsação* nunca para. Mesmo que em total silêncio, ela continua existindo.

Pulsação

Uso do metrônomo

Na música popular, a pulsação não tem variações, ou seja, vamos terminar a música na mesma pulsação em que começamos. Tratamos, então, de *manter* essa pulsação, do começo ao fim da música, sem alterações. Para isso estudamos com o *metrônomo*. Sua ajuda é fundamental.

Vamos começar usando o metrônomo com uma pulsação lenta, de 60 bpm (batidas por minutos). Repare que cada traço que vemos nesta imagem representa uma pulsação.

Mas agora usaremos sobre os traços verticais outros menores, horizontais, representando o som que acompanha essa pulsação.

Para entender isso melhor, você pode cantar uma sílaba qualquer junto com a pulsação. Por exemplo, a sílaba "tá": onde não houver o pequeno traço não haverá som, e sim uma pausa, mas a pulsação não para.

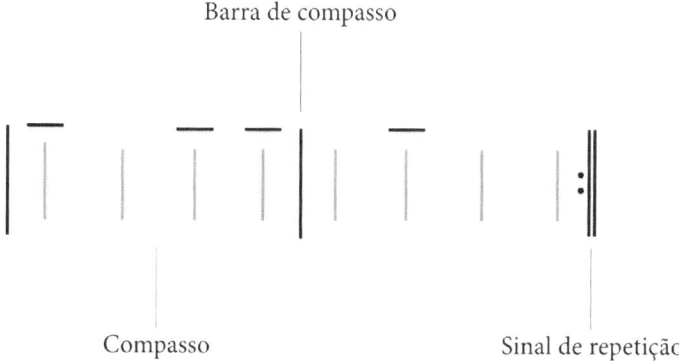

Por essa imagem, também é possível entender os três conceitos de que falaremos agora: "compasso", "barra de compasso" e "sinal de repetição".

Compasso

É o espaço onde vamos escrever as figuras rítmicas e as peças da bateria.

Barra de compasso

Ela separa os compassos sem interferir na pulsação: apenas nos ajuda a enxergar melhor o número de pulsações por compasso.

Sinal de repetição

Esse sinal indica a volta ao início do exercício, ou seja, que vamos repetir os compassos anteriores sem parar a pulsação.

Compassos binários, ternários e quaternários

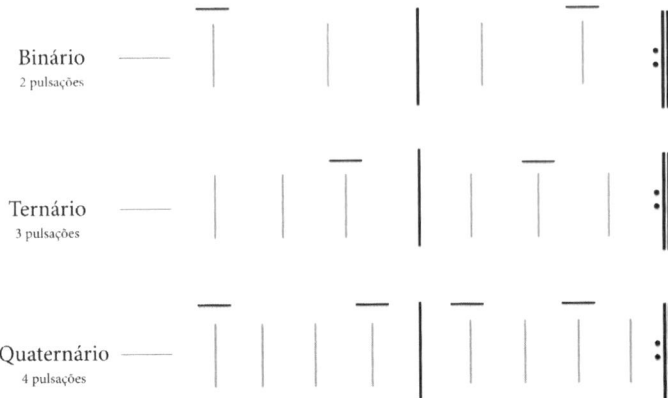

Binário
2 pulsações

Ternário
3 pulsações

Quaternário
4 pulsações

Mesmo que o espaço entre as pulsações seja maior, você continuará usando o metrônomo como referência. Não se engane com as distâncias escritas, elas não mudam a pulsação.

Quanto mais exemplos, melhor: podemos até tocar na caixa ouvindo o metrônomo, que, como eu disse, é peça fundamental no estudo rítmico.

Alguns exercícios de fixação

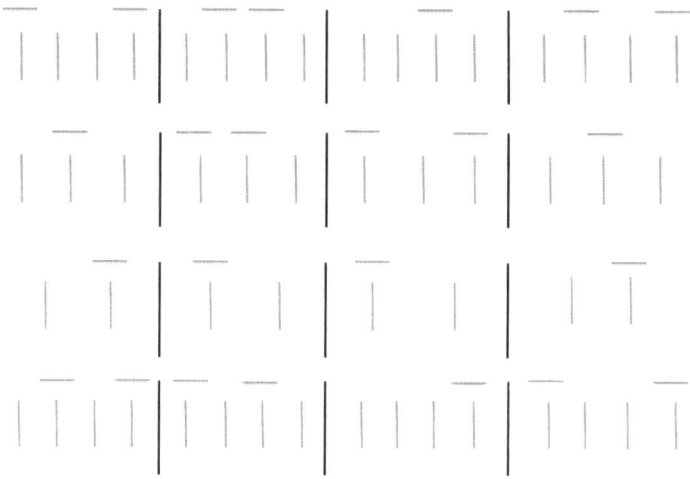

Exercícios de fixação transformados em partituras reais

Esta figura representa a caixa no pentagrama (terceiro espaço).

Também usaremos subdivisões. Um exemplo muito comum é uma pulsação com um ou dois sons dentro dela.

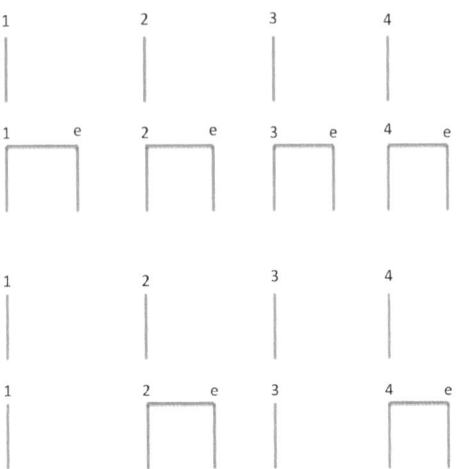

Agora já temos essas divisões escritas na partitura com suas respectivas figuras: semínima (figura 4) e colcheia (figura 8).

Neste início de estudo vamos entender o nome das figuras e seus valores. Ou melhor: sua "duração". Em um instrumento de sopro a duração da nota é diferente da de uma caixa.

O saxofone pode sustentar uma nota durante 5 segundos ("tá--á-á-á-á"). Já na caixa, um toque dura só o que se ouve no instante em que foi tocado ("tá").

Pentagrama: linhas e espaços

Antes de estudar bateria é necessário saber ler uma partitura e conhecer onde as peças da bateria encontram-se no pentagrama.
Penta. = cinco;
Grama = linha.
Contam-se as linhas de baixo para cima: 1, 2, 3, 4, 5.
Entre as linhas, também de baixo para cima, contam-se os espaços: 1, 2, 3, 4.

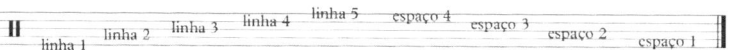

A bateria escrita no pentagrama

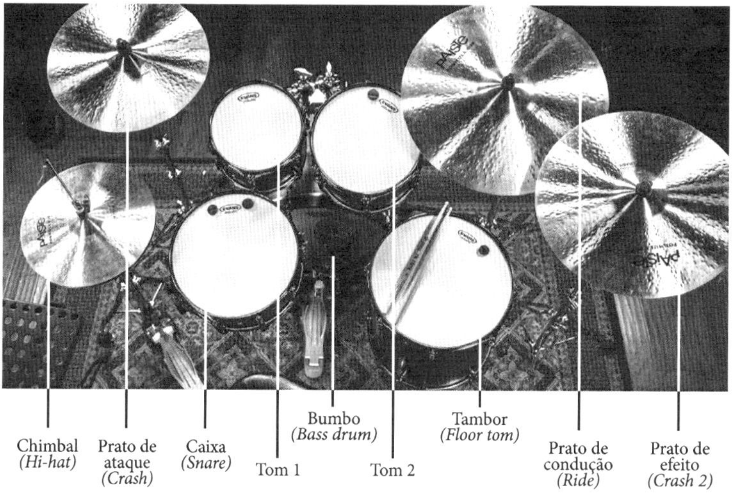

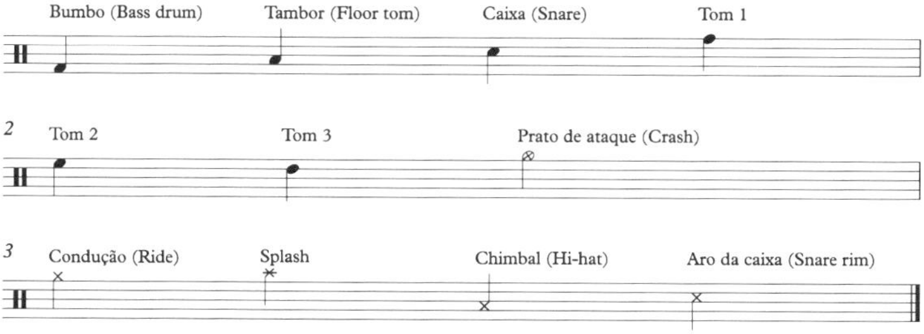

Tabela comparativa de valores

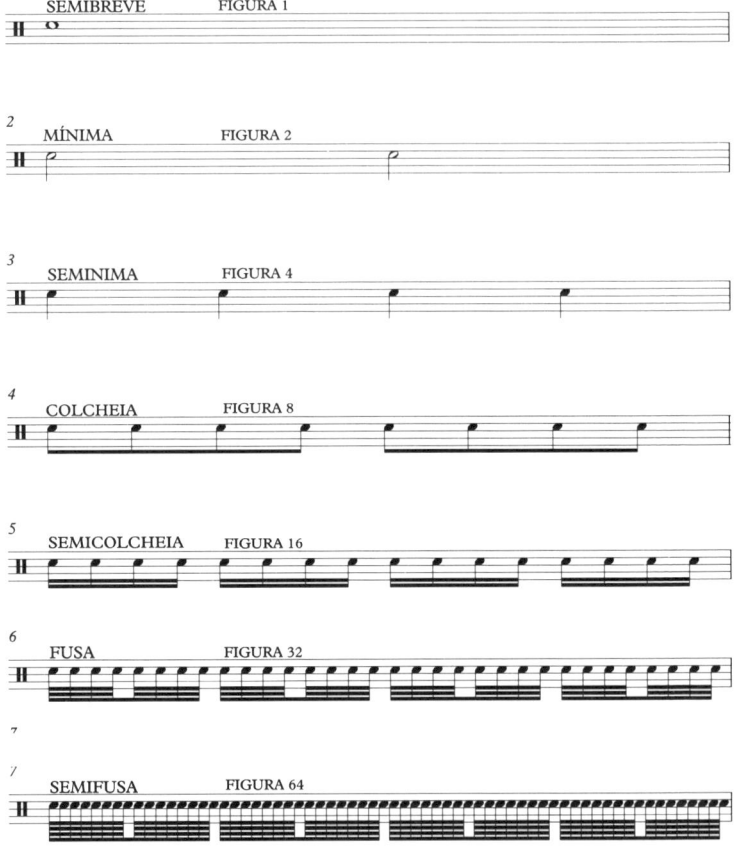

Figuras e pausas

Toda figura tem uma pausa que dura o mesmo tempo que ela.
Aqui se aplica bem a explicação sobre a duração das notas no saxofone e na caixa.

SEMIBREVE FIG 1 E SUA PAUSA

3 MÍNIMA FIG 2 E SUA PAUSA

4 SEMÍNIMA FIG 4 E SUA PAUSA

5 COLCHEIA FIG 8 E SUA PAUSA

6 SEMICOLCHEIA FIG 16 E SUA PAUSA

7 FUSA FIG 32 E SUA PAUSA

8 SEMIFUSA FIG 64 E SUA PAUSA

Fórmula de compasso

Dois números compõem uma fórmula de compasso: numerador e denominador.
O número de cima indica quantas pulsações teremos em cada compasso.
O número de baixo indica qual figura terá a duração de um tempo.
Note-se que o numerador (em cima) mostra a *quantidade* de tempos e o denominador (embaixo) mostra qual *figura* será o seu padrão.
Nesse caso temos o exemplo de 4 por 4, 3 por 4, 3 por 8 (caso em que a figura 8 passa a durar um tempo) e 2 por 4.

A figura 4 (semínima) é muito usada como denominador nas fórmulas de compasso. Ela está próxima ao meio da tabela, então podemos tanto *dobrar* como desdobrar o seu tempo. Se fosse usada a figura 1, seria difícil para você desdobrar esse tempo.
Volte agora à *tabela comparativa de valores* (p. 30) e observe onde se encontra a figura 4, ou semínima.

Tipos de compasso

Os compassos binários e quaternários são os mais naturais. Nós praticamente andamos em 2 ou 4 tempos. Os músicos de uma banda marcial ou fanfarra marcham em 2 tempos: 1-2, 1-2. Mas na música temos compassos binários, ternários, quaternários, mistos e compostos.

É importante que você pratique exercícios como esses, em que as pulsações possam ser figura 4 ou figura 8.

Também podemos misturar as figuras e suas pausas de acordo com a tabela de valores. Por exemplo:

Capítulo 3

Tocando bateria

Postura

Chegamos enfim à parte prática. É importante que você aprenda a se sentar corretamente, pois para ter vida longa no instrumento é necessária a adoção de uma boa postura. Existem banquinhos com encosto que facilitam a permanência em uma mesma posição durante as horas de estudo.

Algumas dicas para acertarmos a sua postura são:
- Nunca fique com os joelhos mais altos do que a bacia ou a coluna lombar. As pernas devem estar paralelas ao chão.
- Esteja sempre com a coluna ereta: nada de ficar corcunda.
- A caixa deve ficar uns quatro dedos acima das pernas.
- Pratos e tom-tons devem estar próximos, para que você não precise esticar os braços para alcançá-los.
- Para os destros, o chimbal é acionado com o pé esquerdo, e o bumbo, com o direito. Para os canhotos pode ser o contrário, mas só se houver necessidade; alguém que nunca tocou pode começar de qualquer um dos jeitos. Temos vários exemplos de bateristas canhotos que tocam em baterias montadas para destros.

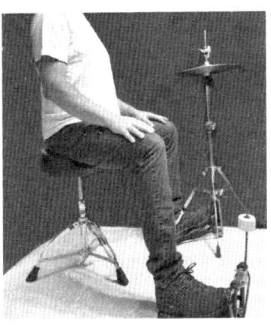 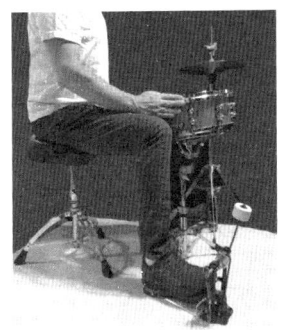

Técnicas de baquetas

Existem também algumas técnicas para segurar as baquetas e conseguir um toque melhor, sem uso da força nos braços, e sim nos pulsos e nos dedos. São eles:

- A técnica alemã, com o dorso das mãos virados para cima, uso do pulso e um pouco do antebraço.

- A técnica francesa, com o dorso das mãos apontando para os lados e uso dos dedos.

- O *traditional grip*, muito utilizado pelos bateristas de jazz, em que com pouco movimento você consegue toques fortes ou fracos.

- O *matched grip*, em que as duas mãos seguram a baqueta fazendo a mesma posição.

É muito importante você conhecer todas essas técnicas para escolher a mais apropriada e fácil de tocar, sem uso da força.

Técnicas de pedal

Aproveitando esta parte introdutória, vamos falar um pouco sobre o uso do pedal. Existem duas técnicas que uso normalmente, a *Heel up* e a *Heel down*. Uma é com a ponta do pé no pedal e o calcanhar no ar; a outra, com o calcanhar no chão.

Também existem outras técnicas que foram surgindo conforme a necessidade de cada músico e sua destreza com os pés.

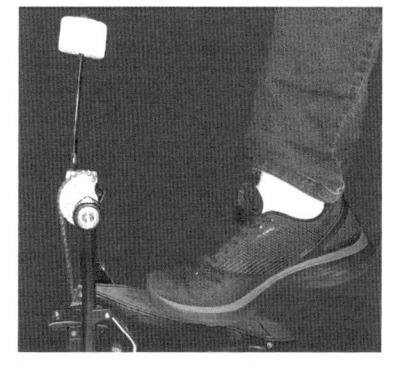

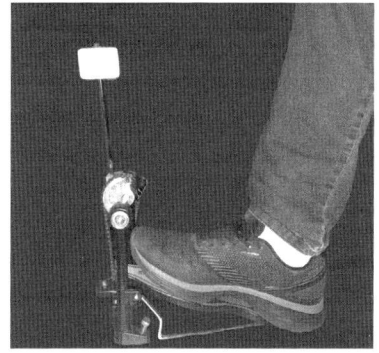

Alongamentos e aquecimento

Sempre, antes de tocar, é muito importante você ter os braços e pulsos alongados e aquecidos.

Existe uma série de exercícios que foram passados por fisioterapeutas e nos auxiliam na forma correta de fazer os alongamentos:

- Pulsos (sem baquetas);
- Braços (sem baquetas);
- Pulsos e braços com baquetas.

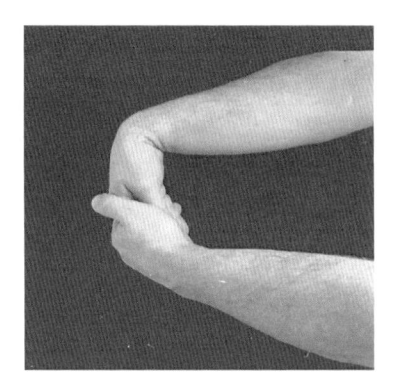

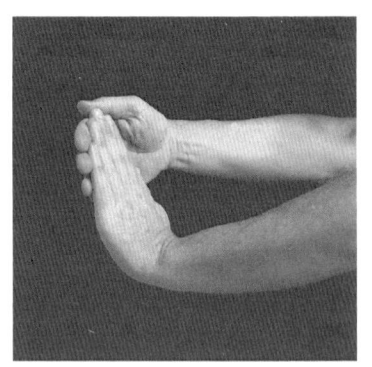

PERCIO SAPIA

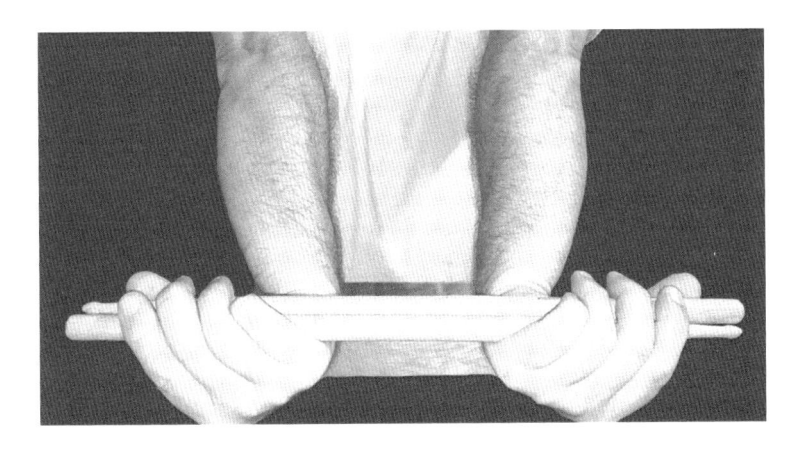

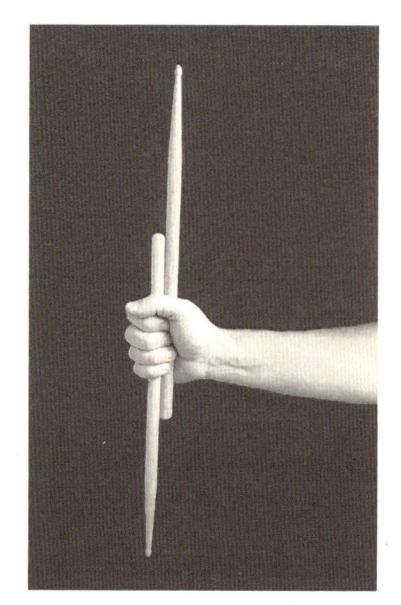

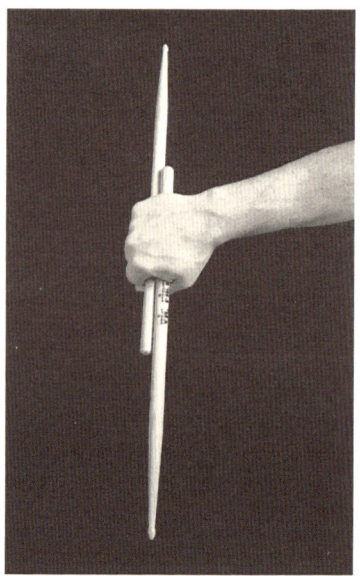

Usar as baquetas como "hélices".

Exercícios iniciais

Dica: tome cuidado com sua audição; use uma borracha na caixa ou *pad* de estudos.

No seguinte exercício você vai conhecer as *quiálteras*, que são figuras fora do padrão da tabela: teremos três colcheias identificadas com o número 3 sobre elas.

Normalmente você só poderia utilizar duas colcheias em um tempo, mas neste caso usaremos três. E existe um jeito simples de conseguirmos encaixar as notas nos tempos, substituindo seu som por palavras:

1 pulsação com um toque você canta: "tá";
1 pulsação com dois toques: "lá-tá" (é a mesma coisa que "1-e");
3 toques em uma pulsação: "lâm-pa-da";
4 toques: "co-ca-co-la".

Toques alternados

Antes de partirmos para os rudimentos, vamos fazer um novo exercício. Foi dos primeiros que aprendi e ajudou muito a entender as divisões rítmicas, além de trazer qualidade ao toque: bumbo nos quatro tempos e chimbal no segundo e no quarto. Faça sempre com o metrônomo, começando lentamente em 60 bpm.

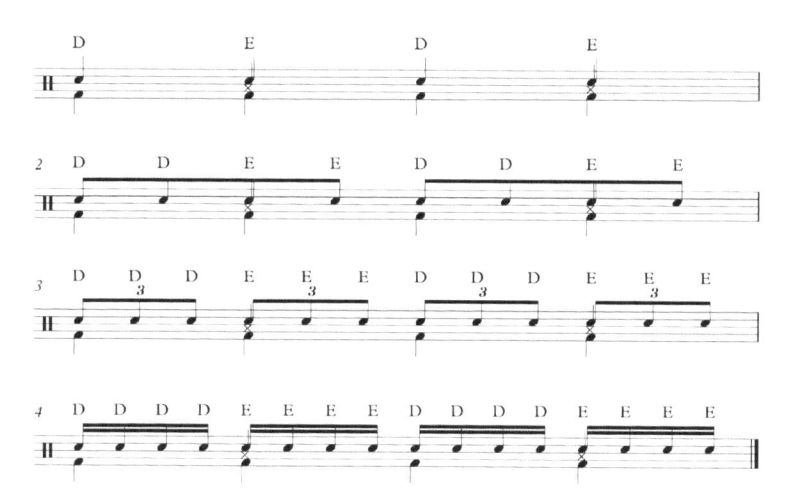

Aproveitando o momento e já fazendo um exercício para adquirir resistência e velocidade nos pés:

Agrupamentos: colcheias ou figuras 8 e semicolcheias ou figuras 16

Podem ser usadas unidas pelo colchetes, isso só acontece com colcheias, semicolcheias, fusas e semifusas.

Os mais comuns e usados são:

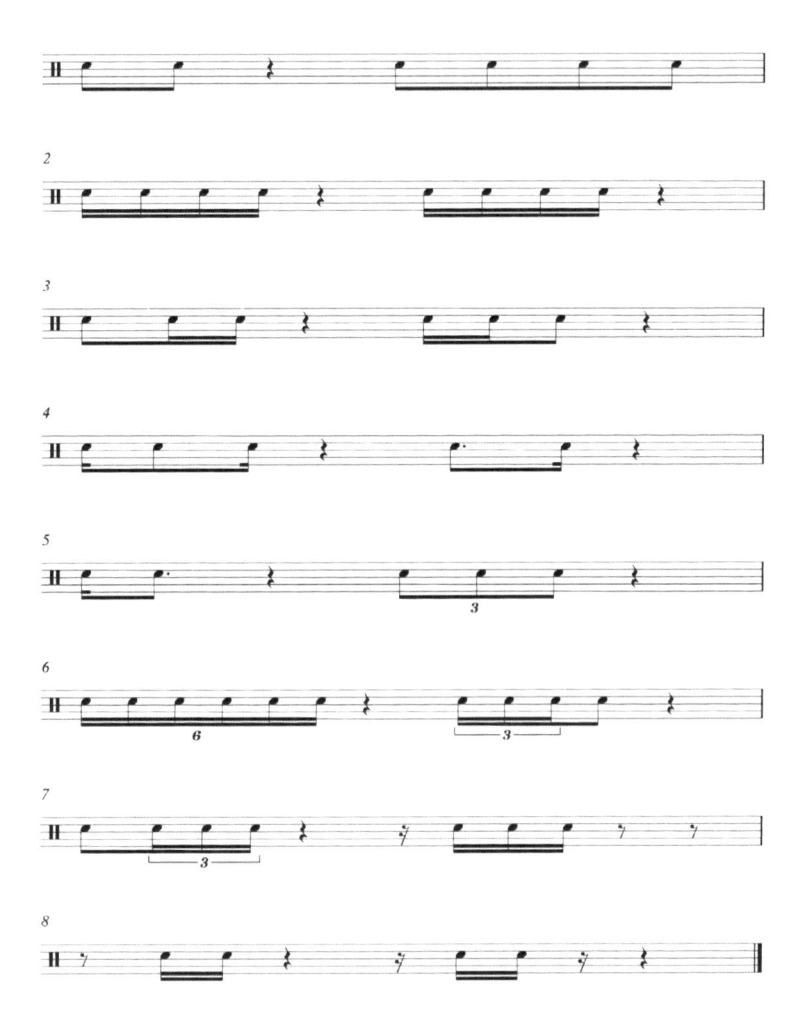

Tocando bateria e lendo a partitura

Não esqueça onde são escritas as peças da bateria. Nestes exercícios usaremos bumbo, caixa (mão esquerda) e prato de condução (mão direita).

Alguns ritmos simples são usados em muitas músicas. Dependendo do andamento, mais lento ou mais rápido, você vai perceber que o mesmo ritmo pode ser usado em vários tipos de música.

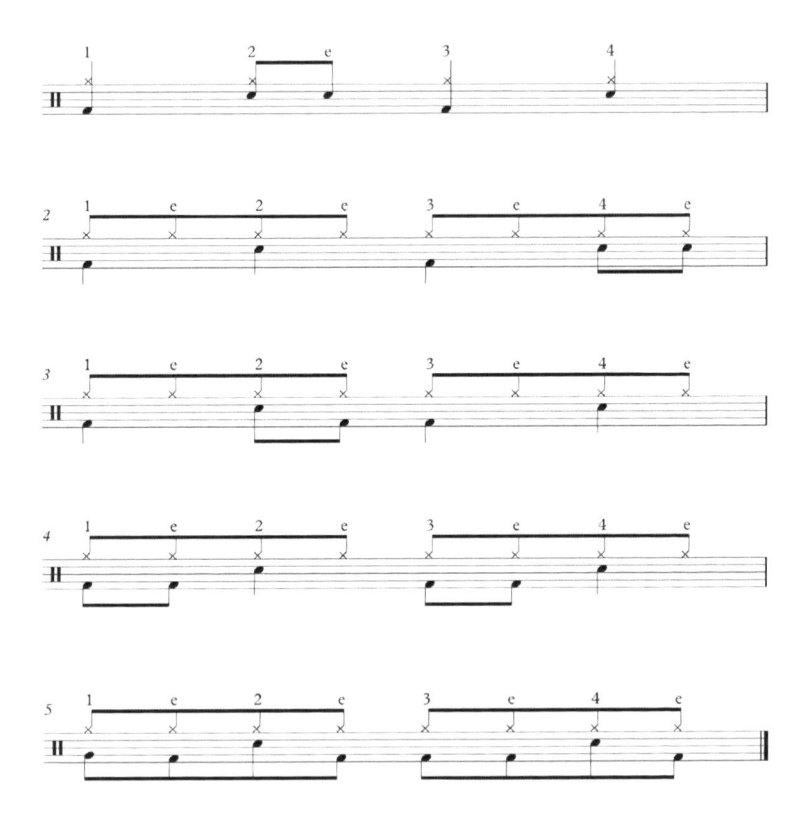

Capítulo 4

Estudando os rudimentos

Os 40 rudimentos divididos em 4 famílias

Aqui temos os 40 rudimentos catalogados na PAS – *Percussive Arts Society*. Alguns são mais utilizados do que outros.

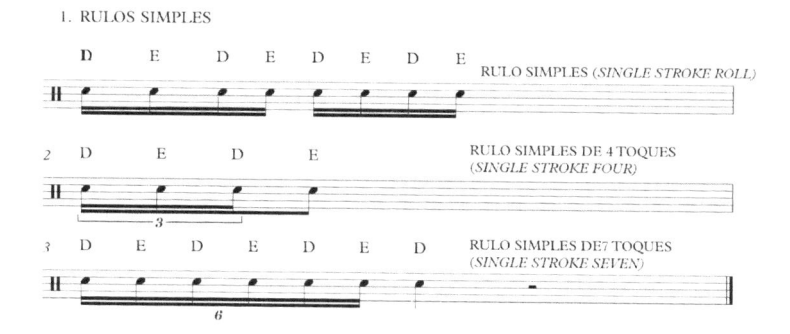

1. RULOS SIMPLES

RULO SIMPLES (*SINGLE STROKE ROLL*)

2. RULO SIMPLES DE 4 TOQUES (*SINGLE STROKE FOUR*)

3. RULO SIMPLES DE 7 TOQUES (*SINGLE STROKE SEVEN*)

1.1 RULOS DE MULTIPLOS REBOTES

RULO DE PRESÃO (*BUZZ ROLL*)

2. RULO TRIPLO (*TRIPLE STROKE ROLL*)

1.2 RULOS DUPLOS

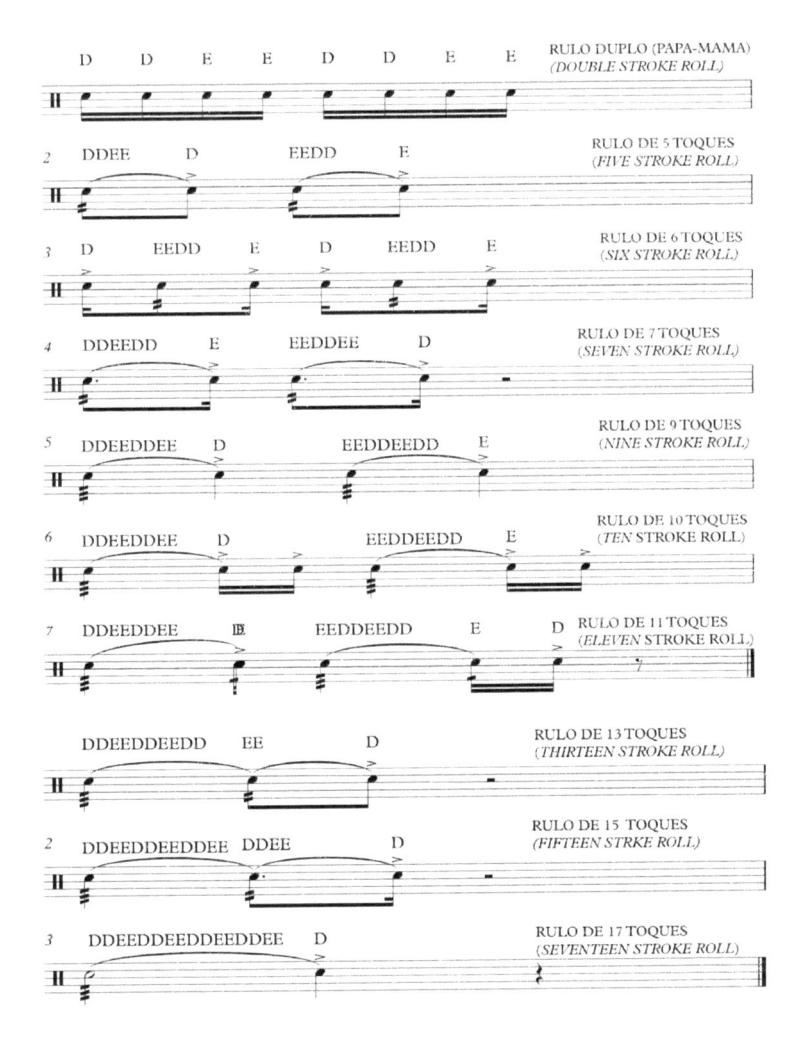

1. D D E E D D E E — RULO DUPLO (PAPA-MAMA) (DOUBLE STROKE ROLL)

2. DDEE D EEDD E — RULO DE 5 TOQUES (FIVE STROKE ROLL)

3. D EEDD E D EEDD E — RULO DE 6 TOQUES (SIX STROKE ROLL)

4. DDEEDD E EEDDEE D — RULO DE 7 TOQUES (SEVEN STROKE ROLL)

5. DDEEDDEE D EEDDEEDD E — RULO DE 9 TOQUES (NINE STROKE ROLL)

6. DDEEDDEE D EEDDEEDD E — RULO DE 10 TOQUES (TEN STROKE ROLL)

7. DDEEDDEE E EEDDEEDD E D — RULO DE 11 TOQUES (ELEVEN STROKE ROLL)

1. DDEEDDEEDD EE D — RULO DE 13 TOQUES (THIRTEEN STROKE ROLL)

2. DDEEDDEEDDEE DDEE D — RULO DE 15 TOQUES (FIFTEEN STRKE ROLL)

3. DDEEDDEEDDEEDDEE D — RULO DE 17 TOQUES (SEVENTEEN STROKE ROLL)

Vale lembrar que todos os rulos podem começar com qualquer mão.

DEDE ou EDED
DDEE ou EEDD

MÉTODO DE BATERIA

2. DIDDLE

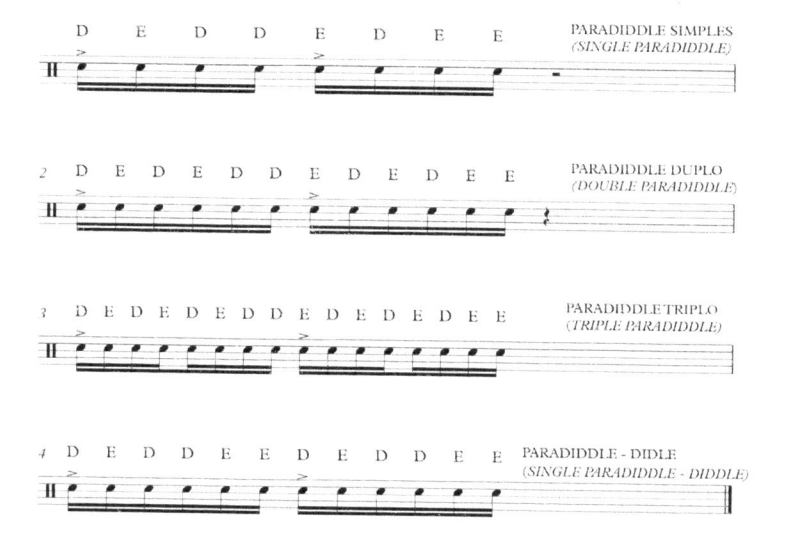

1. PARADIDDLE SIMPLES (SINGLE PARADIDDLE)
   D E D D E D E E

2. PARADIDDLE DUPLO (DOUBLE PARADIDDLE)
   D E D E D D E D E D E E

3. PARADIDDLE TRIPLO (TRIPLE PARADIDDLE)
   D E D E D E D D E D E D E D E E

4. PARADIDDLE - DIDLE (SINGLE PARADIDDLE - DIDDLE)
   D E D D E E D E D D E E

PERCIO SAPIA

3. FLAM

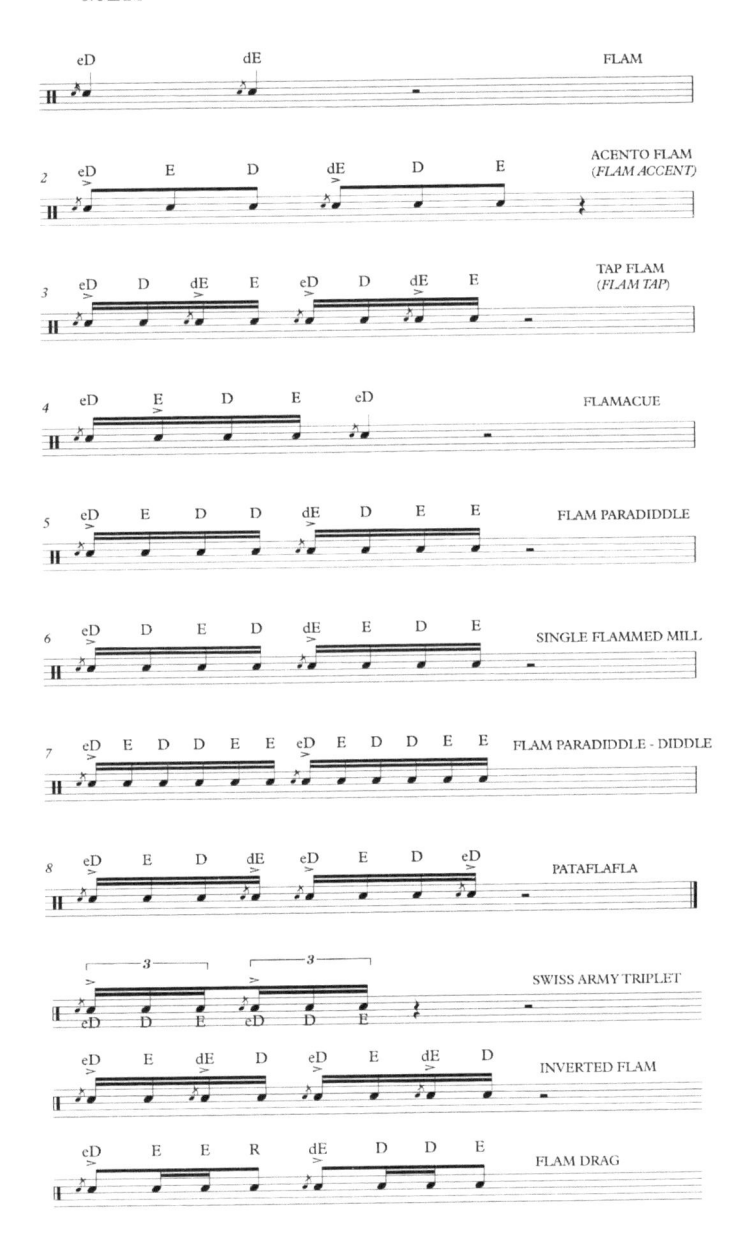

1. eD   dE   FLAM
2. eD E D   dE D E   ACENTO FLAM (FLAM ACCENT)
3. eD D dE E   eD D dE E   TAP FLAM (FLAM TAP)
4. eD E D E   eD   FLAMACUE
5. eD E D D   dE D E E   FLAM PARADIDDLE
6. eD D E D   dE E D E   SINGLE FLAMMED MILL
7. eD E D D E E   eD E D D E E   FLAM PARADIDDLE - DIDDLE
8. eD E D dE   eD E D eD   PATAFLAFLA
9. eD D E   eD D E   SWISS ARMY TRIPLET
10. eD E dE D   eD E dE D   INVERTED FLAM
11. eD E E R   dE D D E   FLAM DRAG

4. DRAG

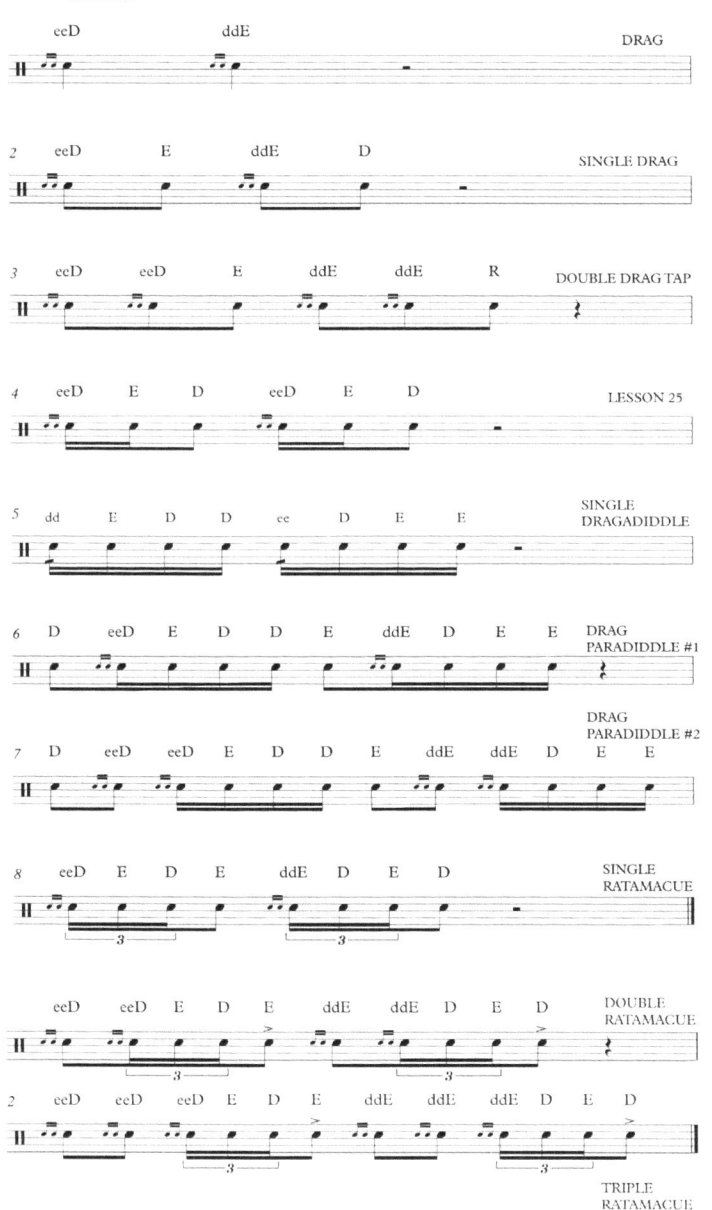

1. eeD ddE — DRAG

2. eeD E ddE D — SINGLE DRAG

3. eeD eeD E ddE ddE R — DOUBLE DRAG TAP

4. eeD E D eeD E D — LESSON 25

5. dd E D D ee D E E — SINGLE DRAGADIDDLE

6. D eeD E D D E ddE D E E — DRAG PARADIDDLE #1

7. D eeD eeD E D D E ddE ddE D E E — DRAG PARADIDDLE #2

8. eeD E D E ddE D E D — SINGLE RATAMACUE

1. eeD eeD E D E ddE ddE D E D — DOUBLE RATAMACUE

2. eeD eeD eeD E D E ddE ddE ddE D E D — TRIPLE RATAMACUE

PERCIO SAPIA

Em meu desenvolvimento profissional, testei vários ritmos e rudimentos, chegando sempre à conclusão de que "o menos é mais". Em qualquer que fosse a situação, eu nunca daria mais do que tinha, ou seja, não ultrapassaria os meus limites.

E consegui, com as ferramentas que tinha, desenvolver uma técnica que me permitiu tocar um pouco de tudo. Já fiz inúmeras gravações com artistas de todos os gêneros possíveis, do rock ao samba, sem haver qualquer preconceito e fazendo música de verdade, nunca "exercícios".

Rulo simples (*Single Stroke Roll*)

Com o metrônomo em 60 bpm, pratique sempre relaxado e com igualdade nos toques. Procure não levantar uma baqueta mais que a outra: a uniformidade nos movimentos fará com que seu som também seja uniforme. Com o tempo vamos aumentar as pulsações do metrônomo, sempre mantendo os toques uniformes e sem força.

Há também outras maneiras de estudar o rulo simples.

Colcheias e semicolcheias

Colcheia e tercina de semicolcheia

Você deve tocar dois tempos em colcheias e os outros dois tempos em semicolcheias.

Não se esqueça do metrônomo lento no início. É muito importante observar todos os movimentos, e uma observação com andamentos rápidos só dificultaria o seu trabalho.

Exercício para adquirir velocidade e resistência

Antes de você conhecer este exercício, eu gostaria de contar como ele apareceu e quem o criou.

Joe Morello, o grande baterista do *Dave Brubeck Quartet* (famoso pela música "Take 5", em que é feito um belo solo de bateria), teve aulas com George Lawrence Stone, o criador do método *Stick Control*, indispensável a ele mesmo para manter a técnica. George Stone mostrou para Morello o "Stone killer", uma série de exercícios realmente "matadores" para a técnica de caixa. O grande Joe Morello deu aulas para Kim Plainfield, que "turbinou" o "Stone killer".

Muita paciência e foco são necessários neste exercício criado pelo professor Kim Plainfield.

Para cada "clic" do metrônomo tocamos quatro toques, contando 50 "clics" para a mão esquerda depois 50 para a mão direita e mais 50 "clics" para as duas mãos no dobro da velocidade.

Rulo de 4 toques simples (*Single Stroke Four*)

Partindo de um rulo simples, este rudimento é tocado com uma tercina (3 toques) no tempo forte mais um toque no contratempo.

Rulo de 7 toques simples (*Single Stroke Seven*)

São duas tercinas ou uma sextina (6 toques). Toque uma tercina no primeiro tempo e outra no contratempo, mais um toque simples no próximo tempo forte.

Rulo de pressão ou "*Buzz Roll*"

Faz-se pressionando a baqueta contra a pele e deixando que aconteçam vários rebotes. Deve-se aumentar a velocidade dos toques pressionando a baqueta contra a pele, sem perder os rebotes.

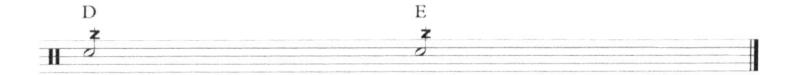

Rulo de 5 toques *(Five Stroke Roll)*

Rulo duplo ou papa-mama (*Double Stroke Roll*)

Faz-se com dois toques para cada mão mantendo o mesmo volume. É importante destacar que, a partir de um andamento mais rápido, você poderá usar o rebote. Com um único toque você permite que a baqueta levante e volte à pele fazendo mais um toque.

Como estudar

Colcheias e semicolcheias

D E D E D D E E D D E E

Papa-mama com o segundo toque acentuado

D D E E D D E E D D E E D D E E

"Papa-mama tercinado"

D D E E D D E E D D E E D D E E D D E E D D E E

Paradiddle

D E D D E D E E D E D D E D E

1 e 2 e 3 e 4 e

Observação importante: para os rudimentos em geral, levante as baquetas apenas para fazer o acento. Os outros toques devem ser feitos em menor volume.

Flam

Ao *flam* pode-se dar o nome de ornamento.

As duas mãos trabalham quase juntas: uma *apogiatura* é tocada antes do toque principal. Com o volume menor ela chega primeiro à pele da caixa.

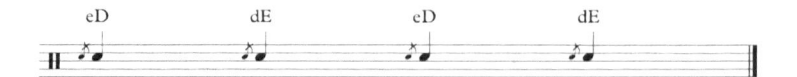

Estude como se fosse o "alternando os toques" começando com o *flam*.

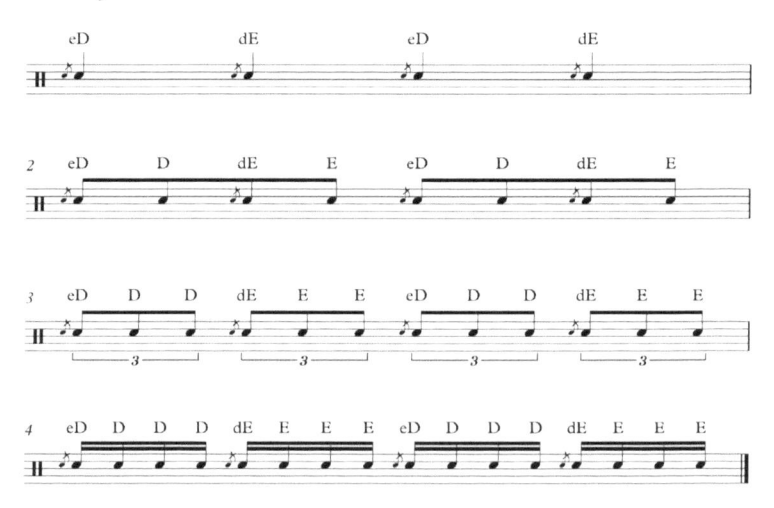

Drag

Assim como o *flam*, pode-se dizer que o *drag* é também um ornamento.

Dois toques rápidos com menor volume antes do toque principal.

Capítulo 5

Aplicação dos rudimentos

Nesta parte do método, volto no tempo para lembrar das aulas e horas em que estive sentado à bateria tentando aplicar um rudimento que acabara de conhecer. Muitas frustrações e algumas surpresas ocorreram ao longo do caminho em meu processo.

Pretendo explicar aqui a maneira mais fácil de desenvolver essa habilidade. Trato, neste capítulo, de ordenar as aplicações, indo sempre das mais simples às mais complexas (tecnicamente falando). Pois, dependendo do estilo de música, a mais simples pode ser a melhor opção.

Aplicação do rulo simples

Pensando que teremos um ritmo antes do solo, ou "virada" (o termo correto é "frase de preparação"), escrevi este ritmo básico de rock para termos uma ideia de como fazer melhor as frases.

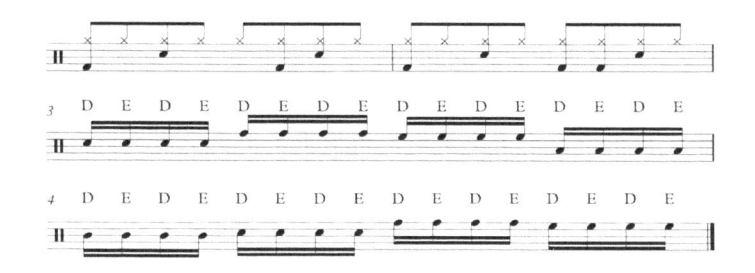

Pode-se tocar a primeira das quatro semicolcheias em um tom-tom diferente.

Ou tocar um tom-tom a cada três semicolcheias.

Aplicação do rulo de 4 toques

Há o 3 rulos de 4 toques e o 1 de 7 toques no final, sendo o toque 7 no bumbo e prato.

Toques em peças variadas

Pratique também o de 4 toques com 2 toques de bumbo (um improviso bastante comum).

Aplicação do rulo de 7 toques

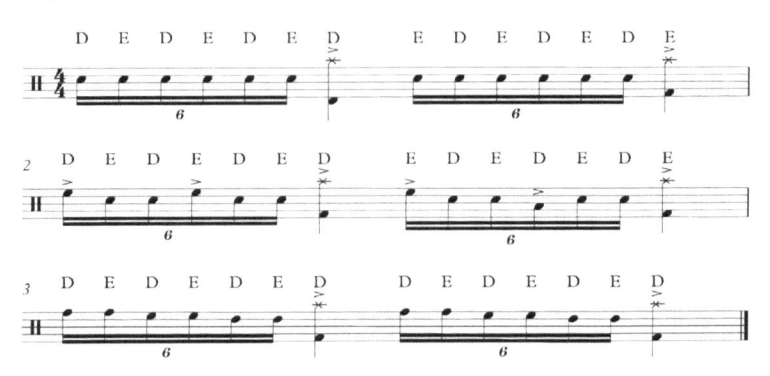

Observe que a última nota do rulo mudou. Ela não tem mais a mesma duração, e assim alterei para colcheia. Isso faz com que o rulo seja tocado quase "um em cima do outro" (mas essa é apenas a "sensação" que ele transmite).

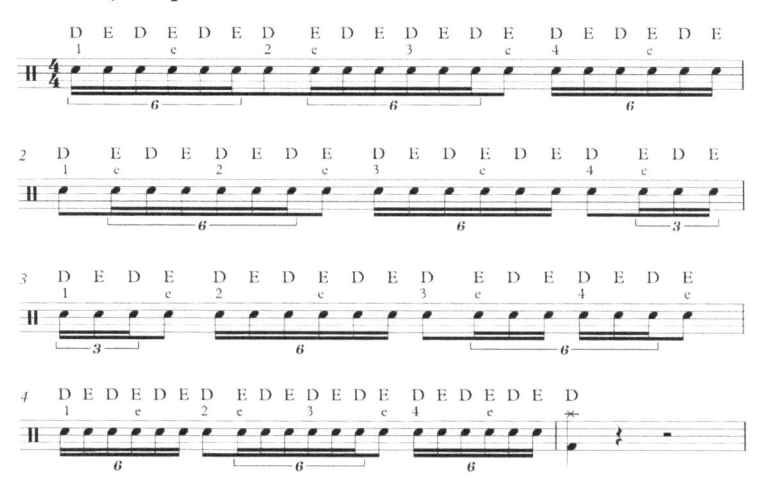

Aplicação do rulo de pressão

Tente tocar com volume muito baixo, depois aumentar e ir voltando ao menor volume.

Aplicação do rulo de 5 toques

Aplicação do *flam*

Aplicação do *drag*

Aplicação do *paradiddle*

Aqui temos um *paradiddle* com bumbo e caixa fazendo um dos ritmos.

É importante saber que o *paradiddle* pode ter variações. Por exemplo:

Isso abre possibilidades de improviso sem haver a obrigação de seguir com o mesmo desenho.
Podem ser usados para solos e ritmos.

Exercícios complementares

Rulos duplos

Com o mesmo movimento das mãos, vamos fazer os rulos duplos em sequência, sem parar. Na primeira linha temos oito notas que serão a guia para todo o exercício. Use o rebote para fazer os rulos duplos.

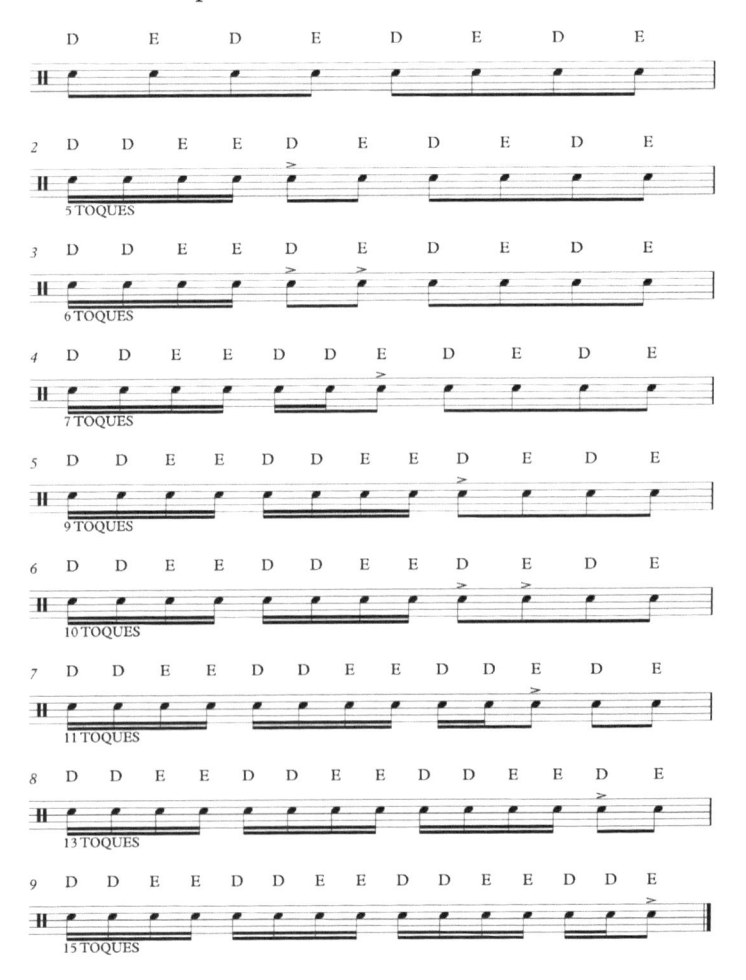

Outro exercício que devemos estudar todos os dias é o do rulo simples, do rulo duplo e do *paradiddle*. Costumo dizer aos alunos que, se alguém estiver fora da sala de aula e ouvir você, vai achar que está fazendo o mesmo exercício. E é mesmo essa a intenção: obter uniformidade e até igualdade nos toques.

A recomendação de Mr. Weckl

Faço aqui uma pausa para narrar o fato ocorrido em um workshop do baterista americano Dave Weckl, muito conhecido por tocar na *Chick Corea Elektric Band* e pela sua técnica realmente impecável.

Eu e Giba Favery, testemunha do fato, fomos ao workshop para ver nosso ídolo em ação. A primeira coisa que o Sr. Weckl fez foi tirar a caixa do *set up* e levar para a frente do palco junto com o banquinho. Ali ele se sentou, fez o exercício que acabei de mencionar – rulo simples, duplo, *paradiddle* – e disse: "este é um dos melhores exercícios que você pode fazer para igualar os toques" etc.

O mais incrível nisso tudo é que eu passava para meus alunos, inclusive para o Giba, esse exato exercício, sem nunca ter visto ou ouvido alguém fazê-lo. Foi uma dedução óbvia: com todos os dias dando aula, percebendo a dificuldade dos alunos, e também a minha, isso não poderia resultar em outro exercício senão aquele de que todos sabíamos – simples, duplo e *paradiddle*.

Por um momento de olhares atônitos, o Giba e eu tivemos a sensação de estar no caminho certo. Foi muito divertido e "assustador".

E aqui vai uma dica para melhorar esse exercício usando sempre o bumbo nos 4 tempos e o chimbal no 2 e no 4: comece com o metrônomo lento, a 60 bpm, e vá aumentando de acordo com o seu limite, sem fazer força ou movimentar os braços.

Isso vai ajudar você no improviso a não ter de pensar muito, pois já estará no "automático", fazendo parte de sua "biblioteca cerebral".

Tercinas na caixa, bumbo e tons

Podemos também dar a sensação de tercinas em figuras 16 semicolcheias.

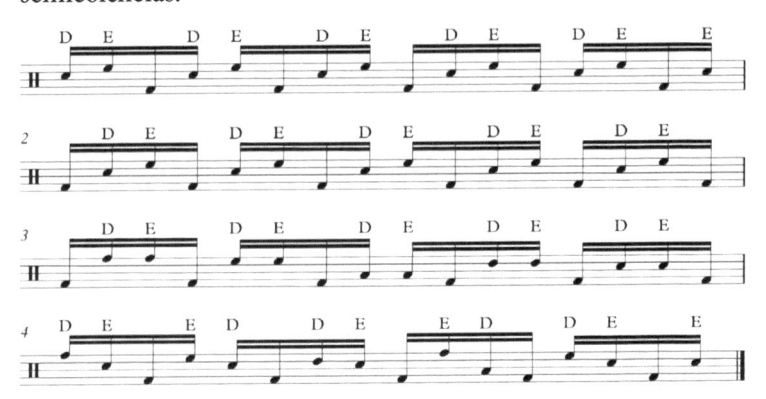

Capítulo 6

Como ouvir uma música

Esta pode parecer uma proposição inútil, mas se você não souber o quê e como ouvir, a música pode estar simplesmente "entrando por um ouvido e saindo pelo outro".

Temos de entender como nosso instrumento se comporta a cada contexto para saber que ritmo usar e onde improvisar uma frase de preparação, ou "virada".

É importante ouvir a música muitas vezes. E seguem-se outras sugestões:

- Perceba primeiro sua pulsação. Quantos instrumentos estão sendo executados? Tem vocal? Não?
- Passe para a melodia, tente cantar junto, você vai entender a estrutura de composição da música, se é um A-A-B-A, A-B--B-A-B etc.
- Vai também perceber se existe uma introdução e algumas repetições.
- Ouça a bateria, o ritmo, as frases, onde se toca aberto (prato de condução) ou fechado (chimbal). Onde são feitas as frases de preparação.
- O baixo toca muito próximo do que fazemos no bumbo. Vale muito a pena ouvi-lo como parte da bateria.
- Tente tocar a música. Quanto mais vezes ouvir, mais fácil será a execução.

Essa forma de ouvir música foi me passada pelo Rubinho Barsotti, que tinha um repertório incrível e sabia os solos de todos os instrumentos da maioria dos seus discos. Isso é realmente conhecer uma música.

Ritmos de Rock

Tipos, derivações ou subgêneros

São eles:

Rockabilly

Garage Rock

Rock Psicodélico

Rock Progressivo

Glam Rock

Folk Rock

Hard Rock

Heavy Metal

Punk Rock

New Wave

Rock Alternativo

Grunge

Pop Punk

Pop

Disco

Folk

Para entender o Rock'n'roll

São alguns dos exemplos mais comuns:

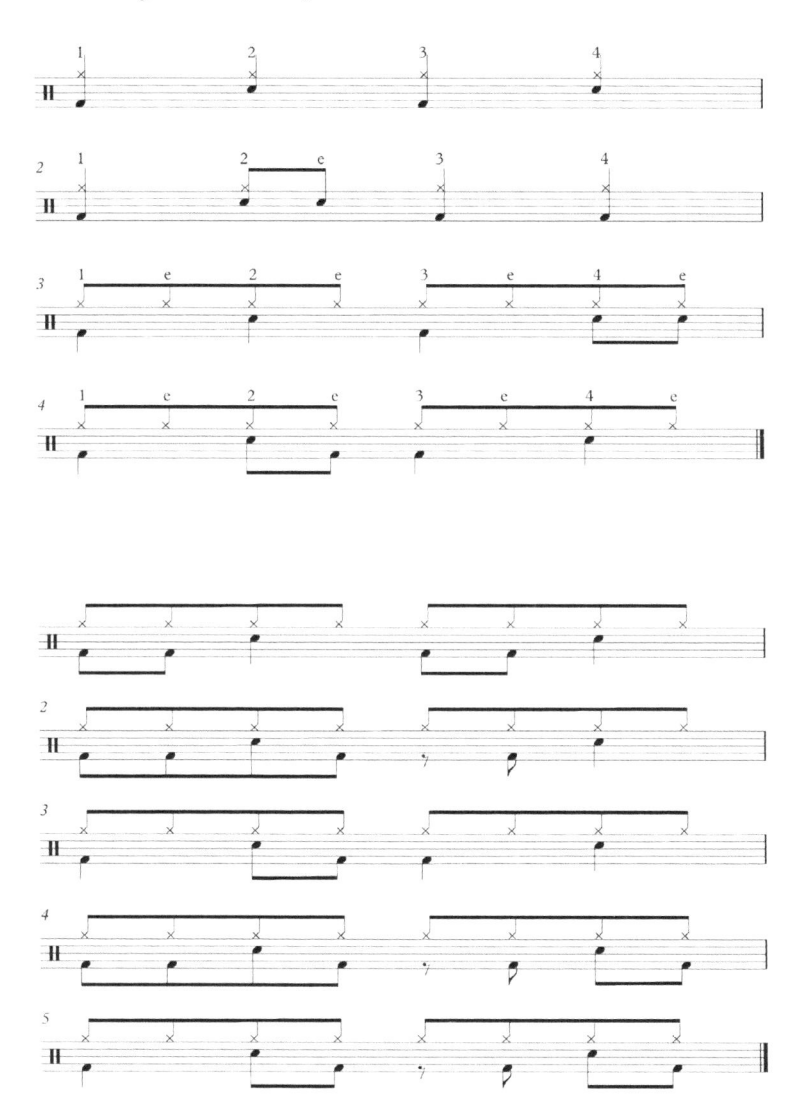

Ritmo de Rock e *fill* (exemplo de "virada" – descubra a sua)

Ritmos de Rock usando figuras 8 e 16

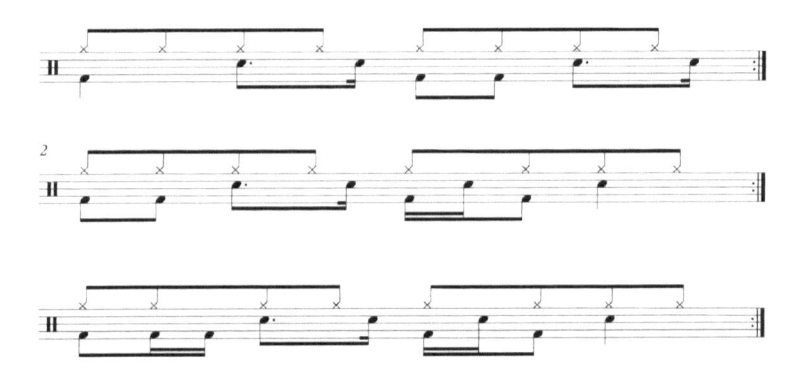

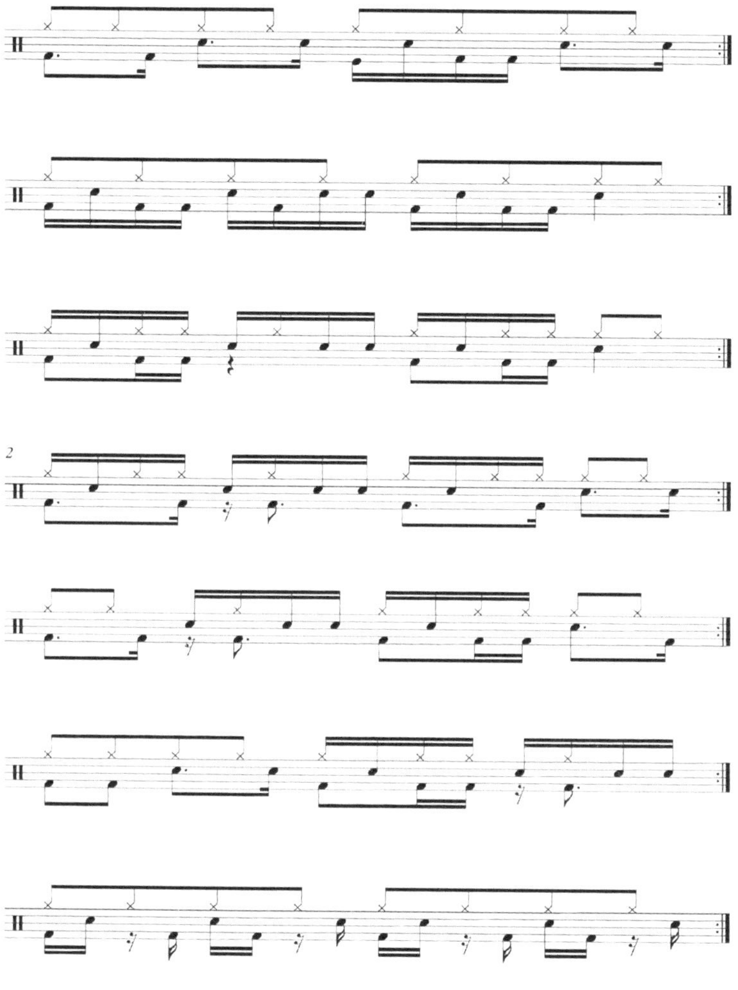
2

Ritmos de Rock de bandas mais conhecidas

Seguem alguns exemplos de músicas (somente trechos) que fizeram sucesso com ritmos básicos usados até hoje.

Creedence Clearwater Revival
"Have You Ever Seen the Rain" – com Doug Clifford

Bachman-Turner Overdrive
"Takin' Care of Business" – com Randy Bachman

Elvis Presley
"C.C. rider" – com Larrie Londin

♩ = 300

Chuck Berry
"Johnny B. Goode" – com Eddie Hardy

Jerry Lee Lewis
"Great Balls of Fire" – com Jimmy Van Eaton

Little Richard
"Keep A-Knockin'" – com Charles "Chuck" Connors

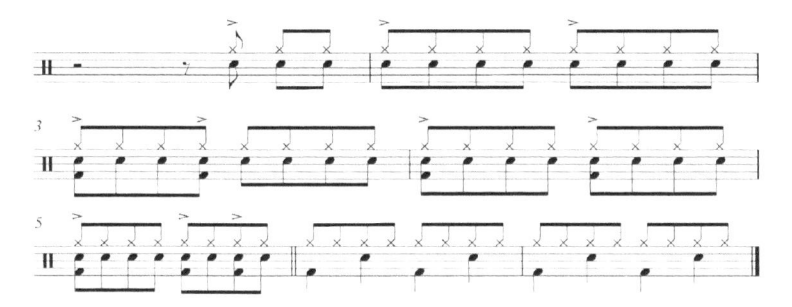

Jimi Hendrix
"Purple Haze" – com Mitch Mitchell

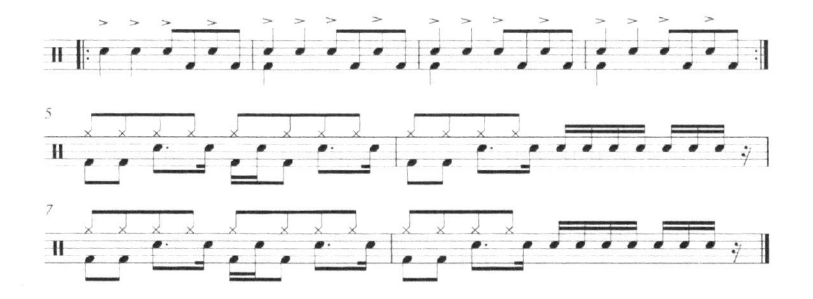

Steppenwolf
"Born to Be Wild" – com Jerry Edmonton

Cream
"Sunshine of Your Love" – com Ginger Baker

Rolling Stones
"(I Can't Get No) Satisfaction" – com Charlie Watts

The Beatles
"Come Together" – com Ringo Starr

Eagles
"Hotel California" – com Don Henley

Rush
"Fly by Night" – com Neil Peart

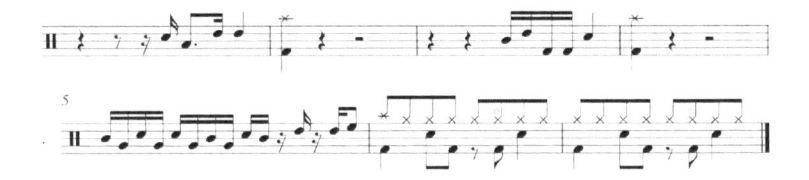

Led Zeppelin
"Immigrant Song" – com John Bonham

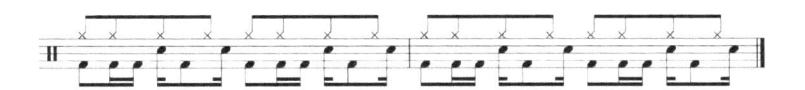

Deep Purple
"You Fool No One" – com Ian Paice

Rainbow
"Stargazer" – com Cozy Powell

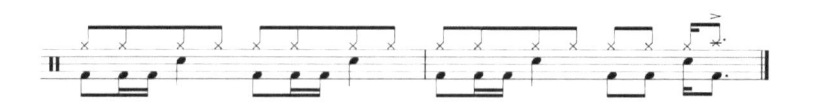

Whitesnake
"Still of the Night" – com Tommy Aldridge

Nazareth
"Hair of the Dog" – com Lee Agnew

Scorpions
"Rock You Like a Hurricane" – com Herman Rarebell

Queen
"We Will Rock You" – com Roger Taylor

AC/DC
"Back in Black" – com Phil Rudd

Journey
"Don't Stop Believin'" – com Steve Smith

PERCIO SAPIA

Toto
"Rosanna" – com Jeff Porcaro

The Police
"Message in a Bottle" – com Stewart Copeland

Capítulo 7

Minha experiência com o Zimbo Trio

Conheci primeiro a música com meu pai, Gilberto Sapia, homem de grande coração e ouvido muito apurado. Era violonista dos bons e tocava um sete cordas maravilhoso! Ele fez parte da primeira formação dos *Demônios da Garoa* e de uma série de outros conjuntos da época, como *Os Uirapurus* e a dupla *Ouro e Prata*.

Logo que escolhi ser baterista, meu pai me levou ao CLAM (Centro Livre de Aprendizagem Musical), escola do *Zimbo Trio*, para conhecer o melhor baterista que ele já havia visto tocar: Rubinho Barsotti. Os dois viviam se encontrando nos corredores das rádios e gravadoras e viraram grandes amigos, acredito, por terem a personalidade parecida: muito bom humor e ao mesmo tempo seriedade no que faziam.

Se para o meu pai eu ter ido estudar com o *Zimbo Trio* já era uma felicidade, imagino a sua reação se pudesse ter me visto tocando no palco junto com eles.

Em uma das primeiras aulas que tive, eu estava na sala com o professor quando Rubinho entrou e disse: "um baterista, para atingir o *status* de músico, precisa fazer *música*". E saiu. O professor Chumbinho me olhou, riu e disse: "ele às vezes vem aqui só para dar uns recados assim".

O *Zimbo Trio* nasceu de uma ideia de Rubinho Barsotti em 17 de março de 1964. Ele já havia conversado com Luiz Chaves Oliveira da Paz (contrabaixista) sobre fazer um trio. Os dois, já com suas carreiras praticamente consolidadas, tocavam em vários bares, boates, casas noturnas e entre eles a *Baiúca*, onde o trio era composto por Moacir Peixoto, ao piano, Rubinho e Luiz.

Segundo Rubinho, foi escolha do próprio Moacir não participar mais do trio, por motivos que aqui não vêm ao caso. Rubinho convidou então Amilton Godoy, que estava ainda em início de carreira, mas já tinha uma imensa bagagem de música erudita e vários prêmios em concursos de piano clássico.

Depois de algumas noites tocando por São Paulo, chegou o momento de se apresentaram pela primeira vez com o nome *Zimbo Trio*. Isso aconteceu na boate *Oásis*, acompanhando a atriz Norma Bengell, que cantava e recitava textos durante as músicas. Depois fizeram uma carreira de imenso sucesso no Brasil e no mundo, ganhando inúmeros prêmios e festivais, gravando vários discos e tendo participações em programas da TV brasileira como o famoso "O Fino da Bossa", que contava com as presenças de Elis Regina e Jair Rodrigues. Mais tarde, também tiveram participação nos programas da TV Cultura "Café Concerto" e "Jazz Brasil".

Foram alguns dos prêmios do Zimbo Trio: *Pinheiro de Ouro*, *Roquette Pinto*, *Festival de Mar del Plata* (Argentina), várias condecorações na Venezuela, Rio de Janeiro, São Paulo, prêmios com as trilhas sonoras dos filmes *Noite Vazia*, *A Margem*, *As Armas*, o quarto *Prêmio Sharp*, o *Prêmio Tim* e o do *Festival da Música Brasileira 2012*, este já comigo na bateria, substituindo meu "irmão" Rubinho.

Em 1973 eles fundaram o CLAM, uma escola de música sem comparação à época. A proposta era desenvolver um ensino que, aproveitando todo o conhecimento do *Zimbo*, promovesse a capacitação profissional de seus alunos. Muitos destes, inclusive, saíam diretamente da escola para algumas orquestras e novos grupos. Por ali passaram vários músicos profissionais que lecionavam e tocavam com seus alunos, o que fazia uma grande diferença como incentivo ao estudo.

Ingressei na escola em 1976 e tive aulas com um dos melhores professores e formadores de bateristas da época: João Rodrigues Ariza (*in memorian*), ou "Chumbinho", meu querido mestre.

Vivíamos entre ensaios e canjas de todos os que estivessem disponíveis naqueles dias: era uma aula ao vivo dada pelos grandes mestres. Tive o prazer de conhecer e tocar com músicos que mais tarde seriam companheiros de grupos e trios na noite de São Paulo. Entre eles, Nico Assumpção, Hector Costita, Heraldo do Monte, André Geraissati, Cândido Serra, Ulisses Rocha, Fernando Mota, "Chumbinho" (meu professor), José Carlos Prandini e o próprio *Zimbo Trio*.

Mas antes disso, houve também uma história interessante que aconteceu comigo envolvendo o *Zimbo*. Ela se passou no *Nosso Estúdio*, um dos espaços de gravação mais usados à época, que era do músico Walter Santos e de sua mulher, Teresa Souza.

Eu tinha um grupo com o Dudu, filho do Walter, e um dia fomos ao estúdio para ver os novos instrumentos e conversar com Vinicão, um técnico incrível. Para nossa surpresa, eles estavam gravando o *Zimbo Trio*. Quando o Rubinho me viu, chamou para me sentar ao seu lado e assistir à gravação da música "Loro", de Egberto Gismonti.

Tocaram uma vez, foram até a área técnica para ouvir e... a música estava pronta! Sem cerimônia, voltaram para a sala dos instrumentos e gravaram quase todas as outras no primeiro "take", algo que para mim era impossível de ser feito. Mas isso chama-se "experiência", e está ligado à convicção do que o profissional se propõe a fazer. Essa foi também uma aula...

Em 1986, a convite do mestre "Chumbinho" e de Rubinho, com o aval dos professores Fernando Mota e Geraldo Suzigan, voltei à escola para dar aulas. Em pouco tempo como monitor, tornei-me professor e supervisor do Departamento de Bateria.

Fizemos muitas audições de fim de ano com os professores e alunos tocando juntos, ou somente com grupos de alunos. Na primeira audição que fiz como professor (monitor), toquei mais de 300 músicas, ao longo de 15 sessões.

O aprendizado é inevitável em situações como essa, pois antes da audição propriamente dita houve ensaios durante os meses de setembro, outubro e parte de dezembro – todos os dias! E cheguei a fazer esses ensaios aos sábados, como professor responsável.

Não posso deixar de mencionar o enorme apoio recebido do amigo, baterista e professor, meu "irmão" Giba Favery, quando tive a felicidade de convidá-lo para dar aulas em nosso departamento. Assim como eu, ele "vestiu a camisa", e hoje tem sua própria escola, o IP&T (*Instituto de Percussão e Tecnologia*), onde depois tive a honra de ser convidado a também lecionar.

No final das audições, o *Zimbo Trio* acompanhava um número de aproximadamente 200 crianças, que tocavam flauta doce e cantavam *pot-pourri* de Milton Nascimento, Tom Jobim, Ivan Lins, Djavan, Dorival Caymmi, músicas folclóricas etc., atingindo um nível de requinte que não deverá ser mais igualado, infelizmente: nossa música já não é a mesma.

Ministrei aulas de segunda a sexta, das 9 da manhã às 9 da noite. Já vestia a camisa da escola por 23 anos quando, entre a escola, bares e estúdios, tive uma surpresa: recebi convite do próprio Rubinho Barsotti e também de Amilton Godoy para integrar o *Zimbo Trio*.

Um pequeno detalhe: Rubinho me ligou (pelo celular da dra. Nilce Carvalho, nossa "irmã" na música, sempre disposta a ajudar a todos) da UTI onde estava internado, pedindo que eu assumisse seu lugar dali em diante. Eu, brincando com ele, como sempre, perguntei: "você está falando da UTI ou do hospício?".

Como alguém poderia tocar em seu lugar? Substituir um músico com aquela impressão digital, tão intensa, verdadeira e única, seria uma tarefa quase impossível.

A primeira reação foi rir, depois perceber o tamanho da responsabilidade e finalmente entender a gravidade da sua doença. Sempre disse isso e voltei a repetir: "o banquinho nunca deixará de ser seu, eu apenas vou substituí-lo por um tempo". E todas as vezes que eu dizia isso, ele imediatamente respondia: "agora é a sua vez".

Convivemos muito durante anos, quase todos os dias. Eu o conhecia muito bem e sabia que, se estava me pedindo isso, eu teria condições de fazê-lo. E fiz, com muita honra e carinho. Afinal de contas, estava representando a música brasileira pelo mundo em um dos melhores trios do país. E conseguimos ainda ganhar mais um troféu para a sua coleção: o *23º Prêmio da Música Brasileira*, como o "Melhor grupo instrumental de 2012", premiação realizada no Theatro Municipal da cidade do Rio de Janeiro.

Chegando a São Paulo, disse ao Rubinho que ele tinha mais um prêmio a receber, e imediatamente ele se recusou, dizendo: "era você quem estava tocando, não eu; o prêmio é seu e ponto-final". Me agradeceu por representá-lo, e depois nos cumprimentamos e nos emocionamos como autênticos descendentes de italianos.

Pouco tempo depois, Rubinho ia aos shows do *Zimbo* (eu o levava) e tocava apenas as duas primeiras músicas, como recomendação médica.

Depois de 23 anos dando aulas no CLAM diariamente, tocar no *Zimbo* era um grande prêmio para mim, pela dedicação que sempre tive à música brasileira e principalmente ao *Zimbo*, como ouvinte e estudante.

Substituir meu mestre Rubinho Barsotti fez aprender que o "menos é mais", pois, apesar da complexidade dos arranjos do *Zimbo*, nunca foi necessário utilizar mais que alguns poucos rudimentos (talvez sete), sendo que o Rubinho usava ainda um rulo de 5 toques simples que não faz parte dos 40 rudimentos.

Não sei se neste *Método* eu consegui passar bem a ideia de que a criação de toques padronizados é livre. Você, aluno, pode e deve criar, pois a bateria precisa ser uma extensão de seu corpo e mente. Rubinho fazia isso com muita facilidade porque pensava na música, não no exercício.

Passei mais de 30 anos ao seu lado ouvindo histórias de vida, que são muito importantes na hora de tocar, pois você toca aquilo que vive, que respira, ouve, come, lê, estuda e por aí vai. Eu não saberia descrever toda a bagagem musical que adquiri sem ter precisado me sentar à bateria. Foram aulas de vida, filosofia, muita piada e bom humor.

É realmente difícil descrever as experiências que tive, e sensações, enquanto tocava com o *Zimbo*. É possível explicar apenas uma, em relação a tocar com Amilton Godoy: sentia como se fosse uma aula a cada ensaio e subida aos palcos. Ele é um instrumentista perfeito, de ouvido absoluto, arrojado nos arranjos e ao mesmo tempo muito sensível, como todo músico deve ser. Outra sensação, talvez, foi a de um nítido crescimento musical que tive em questões como leitura, andamento, precisão técnica e musicalidade.

Tocar em um grupo com quase 50 anos de estrada eleva o ser a outro patamar, você querendo ou não. Em todos os palcos que tocamos, eu tive a nítida sensação de que o público estava, assim como nós, ligado no 220V! Procure no YouTube alguma apresentação do *Zimbo* com o Rubinho e depois outra comigo. A diferença, você vai perceber, é a impressão e a personalidade de cada um. E uma coisa ele sempre dizia: "ninguém é melhor ou pior do que ninguém, apenas diferente". Outra era: "vai lá e quebra tudo".

Tive certeza de que cumpri minha tarefa com meu "irmão" Rubinho quando ganhamos como "Melhor Grupo Instrumental" o *23º Prêmio da Música Brasileira*, com o CD *Zimbo Autoral*. Missão cumprida!

No CLAM, aprendi com os professores Maria Lucia Cruz Suzigan e Geraldo Suzigan – dois dos melhores pedagogos brasileiros que conheci – a importância de saber *como* ensinar, ao passar o conhecimento de uma forma que, ensinando, também se aprende.

Tive oportunidade de assistir a várias aulas da professora Maria Lúcia e observar sua técnica de ensino-aprendizagem. Tenho certeza de que foi nessas aulas que realmente aprendi como passar para um aluno o conteúdo que ele deveria aprender, sem ultrapassar o seu limite de entendimento, bem como sobre a generosidade de um verdadeiro professor. Tendo a oportunidade, conheça o trabalho desses grandes amigos, meus eternos professores.

E obrigado, Rubinho, por ter me guiado por esse caminho, o da boa música, e por me despertar a possibilidade de ter também a minha impressão digital.

Agradeço imensamente a Rubinho Barsotti (*in memorian*) e ao querido Luis Chaves (*in memorian*) por todo afeto e entusiasmo com a minha música.

Fontes informativas:
* Dicionário Cravo Albin.
* Entrevista com Rubens Barsotti.
* Entrevista com Luiz Carlos Oliveira da Paz.
* Currículo Zimbo Trio.
* Eu mesmo, ao longo dos 40 anos no CLAM.

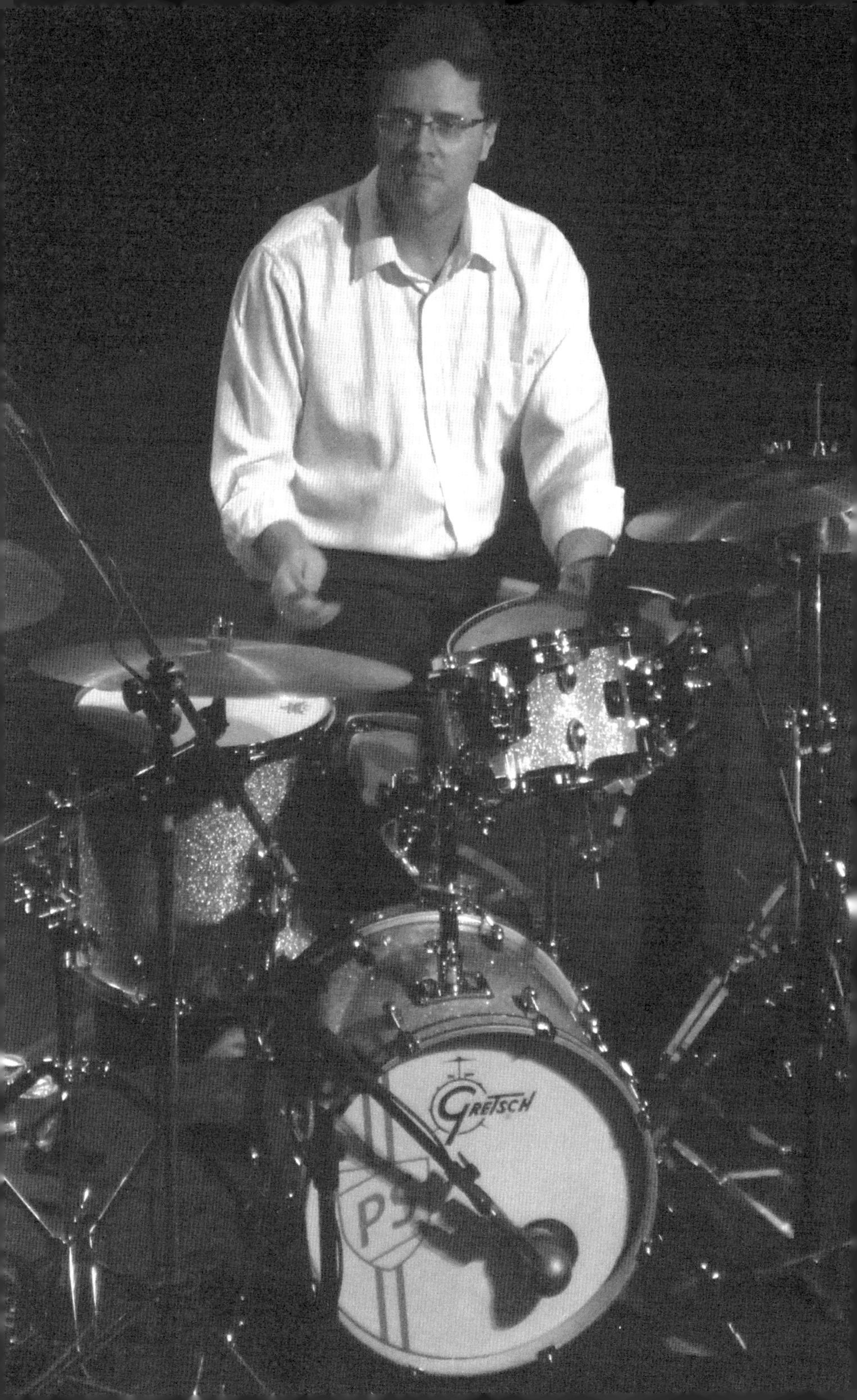
GRETSCH

Trajetória profissional

Venho de uma família de músicos. Meu pai, Gilberto Sapia, integrou os grupos *Demônios da Garoa* e *Os Uirapurus* e a dupla *Ouro e Prata*. Em 1976, com o professor João Rodrigues Ariza, o "Chumbinho", iniciei meus estudos no CLAM, a escola de música do *Zimbo Trio*.

Mais ou menos por essa época, participei de inúmeros shows e festivais com o pianista, cantor e produtor Marco Camargo e com as bandas *Zero Hora* e *Aurora Boreal*, abrindo os shows de Raul Seixas e *Made in Brazil*. Terminei o curso do CLAM em 1979, passando a ministrar aulas em escolas como a *TOQUE Escola de Música* e o *Conservatório Professora Marly Domingues* e a dar aulas particulares.

Em 1982, com Keco Brandão, Eduardo Santana, Roberto Tafuri, Olivier Marc Ferrando e André Fonseca, montei o *Ópera Brasil*, grupo de música brasileira com arranjos próprios que participou de vários festivais de MPB, de projetos do *Teatro Lira Paulistana* e programas de TV, além de fazer shows pela cidade de São Paulo.

No mesmo período criamos o *Proscenium*, trio instrumental progressivo de composições próprias, eu na bateria, Mauricio Grassmann na guitarra e Roberto Rossini Tafuri no baixo.

Em 1986, voltei ao CLAM já como professor, tornando-me no mesmo ano coordenador do Departamento de Bateria, onde se formaram muitos músicos que hoje atuam no cenário nacional e internacional: Gilberto Favery, Alex Buck, Max Sallum, Luis Fernando Capano e outros.

As audições de final de ano no CLAM tinham mais de dez apresentações, num total de 300 músicas. Foram 30 anos de experiência com alunos de todos os níveis e de todos os departamentos da escola. Foi nessa época que fiz minha monitoria com os pedagogos prof. Geraldo Suzigan e profa. Dra. Maria Lucia Cruz Suzigan.

Também trabalhei como professor no IP&T (Instituto de Percussão e Tecnologia) do EM&T (Escola de Música e Tecnologia) e como colaborador da revista *Modern Drummer Brasil* de 1997 a 2015. Nesse período, passei a ministrar *workshops* e a trabalhar com diversos artistas.

No projeto *Cult Crowne*, criado por Sérgio Mamberti para a Sala Yara Amaral e conduzido por Luiz Chaves do *Zimbo Trio*, músicos de toda a cidade e visitantes tocavam com o *Trio Cult Crowne* – Luiz Chaves, Fernando Mota e Percio Sapia.

Também criei, com Thomas Karrer e João Luís Tibério, a banda *Mais*, para eventos variados, corporativos e festas. Participamos de várias feiras e eventos do mundo da moda e celebridades.

De 1991 a 1994 participei do trio do *Tom Brasil*, com Lito Robledo e Fernando Mota. Já com o trio *Triálogo*, formado com Itamar Collaço e Débora Gurgel, fomos semifinalistas do *7º Prêmio Visa* de música instrumental.

Esses trios acompanharam artistas, como Raul de Souza, Giana Viscardi, Adriana Godoy e Silvia Maria entre outros. Nos bares da cidade de São Paulo, toquei com músicos como Moacir Peixoto, Carlinhos Monjardim, Araken Peixoto, Luis Melo, Hector Costita, Nico Assumpção, Carlos Alberto Alcântara, Lito Robledo, Dave Gordon, Roberto Sion, Sabá, Mathias Matos, Nelson Panicali, Itamar Collaço e Sylvinho Mazzucca.

Com Mário Boffa Jr. e Evaldo Guedes, participei do *Marinho Boffa Trio*, que esteve em shows, workshops e festivais de jazz no Chile e no Paraguai. Também criei o *Percio Sapia Brasil Jazz* com os músicos Itamar Collaço, Rudy Arnaut e Marinho Boffa, quarteto que encerrou o *Festival de Jazz CCPA de Asunción (Paraguai)* acompanhando Luis Salinas e seu grupo, em uma sessão memorável.

No *Conrado Paulino Quarteto*, com Conrado Paulino, Mario Andreotti e Debora Gurgel, fizemos shows e festivais, incluindo o *Barranquilla (Colômbia)*. Participei também de shows com a *Orquestra Filarmônica de Paraisópolis*, a convite do Maestro Paulo Rydlewski.

Ainda sobre o *Zimbo Trio*, grupo em que estive a convite do próprio Rubinho Barsotti e de Amilton Godoy, participei dos últimos cinco anos de existência do trio, com inúmeras gravações e apresentações na América do Sul (Argentina, Paraguai e Chile), França e China (*Expo-Shangai 2010*). E assim ganhamos o *23º Prêmio da Música Brasileira* como melhor trio instrumental de 2012. Participei do *Amilton Godoy Trio*, com Amilton Godoy e Mario Andreotti. Fiz apresentações com a *Orquestra Sinfônica Municipal de São Paulo*, com a *Jazz Sinfônica*, a *Filarmônica de Paraisópolis* e a *Banda Sinfônica Jovem*.

Com o *Tony Babalu e Banda*, músico que fez história no *Made in Brazil*, resgatamos as levadas do Rock and Roll para gravar o *Live in Session II*, em 2019. Também em 2019, compus, somente com bateria, a trilha sonora comemorativa dos 60 anos do caderno *Folha Ilustrada* do jornal *Folha*.

Toquei em inúmeras casas, Sescs, teatros e bares de São Paulo como *Tom Brasil, Tom Jazz, Trump, Stardust, Ao Vivo Music, Victoria Pub, Walter Mancini, QG, U.S. Beef Rock, Lei Seca, JazzB, Moinho Santo Antônio, Persona Bar, Café Piu Piu, Sanja, Black Jack* e *Democrata Bar*.

Gravei trilhas para cinema e propaganda, *jingles* e inúmeros CDs. Acompanhei vários artistas, podendo citar: Leny Andrade, Raul de Souza, Jane Duboc, Daniela Mercury, Alaíde Costa, Elton Medeiros, Eduardo Gudin, Vinicius Barros, Hector Costita, Jair Rodrigues, Fabiana Cozza, Marcelo Mariano, Dani Cortazza, Christian Gálvez, Nailor "Proveta", Luis Salinas, Mário Boffa Jr., Arismar do Espírito Santo, Tato Mafuz, Paula Lima, Graça Cunha, Maricene Costa, Lito Robledo, Amilton Godoy, Luis Chaves, Natan Marques, Dino Galvão Bueno, Dedé Paraizo, Rudy Arnaut, Celso Pixinga, Walmir Gil, Roni Ben-Hur, Harvie S e outros.

Em 2020 participei dos projetos "Elas cantam no rádio" e "Eles cantam no rádio", do *Sesc 24 de Maio* ao lado do maestro Rodrigo Morte e orquestra, com a produção de Débora Venturini e equipe do *Sesc*. E no mesmo ano lancei o álbum *Samba do Arraial*, do *The Roni Ben-Hur & Percio Sapia Quartet*, tendo participação especial de Leny Andrade.

Atualmente faço workshops, participo de shows, gravações, sou professor do *IP&T Giba Favery* e ministro aulas em estúdio próprio na cidade de São Paulo.

Depoimentos

Um dia meu filho me perguntou: "Quem é aquele cara na bateria? Um absurdo o que ele toca!". Resultado imediato: ele foi estudar bateria com aquele "cara", hoje meu querido amigo e parceiro de trabalho, Percio Sapia. Felizmente, não foram poucas as oportunidades que tive de tocar, gravar, desenvolver ideias para arranjos e composições com esse "cara". Sua criatividade, sua segurança e sua musicalidade garantiram sempre um resultado excelente, muito acima do esperado. Uma mudança na condução, uma passagem diferente no prato e... a música crescia, tornava-se cada vez mais bela, mais viva, mais colorida. Com esse livro, Percio atende aos pedidos de muitos de seus amigos e revela, aos que ainda não conheciam, o seu trabalho como educador. Ele oferece aos estudantes, aos professores, ao tempo e à história a oportunidade de conhecermos um método simples e objetivo, que durante muitos anos vem apresentando resultados excepcionais. Um caminho no qual muitos alunos formados por ele conheceram o que temos de melhor na música brasileira e internacional. Ele não é "apenas" um excelente instrumentista, é um músico completo e, para nossa felicidade, um grande educador. Aproveitem!

Maestro Paulo Rydlewski

O talentoso baterista Percio Sapia, pensando nos novos músicos, escreveu um método de bateria para o estudo desse instrumento que é o coração e o *swing* da música. Parabéns pela iniciativa, meu irmão. A música é a estrela, nós somos apenas instrumentos.

Gilson Peranzzetta, *maestro, músico e produtor*

Percio's supreme command of the drums, combined with his deep knowledge of music, and extraordinary ability to communicate information makes his teaching invaluable!

Roni Ben-Hur, *guitarrista de jazz*

Conheço o Percio Sapia como baterista há muito tempo. Sempre fui admirador do seu jeito de tocar, ao mesmo tempo firme, preciso e swingado, que o caracteriza como dono de um estilo inconfundível, cheio de elegância. Mais recentemente tive o prazer de trabalhar com ele em alguns dos meus projetos. Pude então, finalmente, perceber como ele pode contribuir na construção de um discurso musical sempre muito refinado, independentemente do gênero ou contexto em que esteja inserido. Portanto, foi com grande alegria que recebi este livro. Aqui, o Percio mostra de forma clara e com excelente didática um conteúdo abrangente, que vai de fundamentos teóricos a técnicas avançadas, passando por orientações sobre uma proposta de escuta (fundamental na formação de qualquer músico) que nos convida a abrirmos nosso horizonte sobre o entendimento do Rock e outros gêneros musicais. Trata-se, certamente, de um livro que vai ajudar muito a quem se propõe a trilhar com seriedade os caminhos do estudo do ritmo e da bateia.

Rodrigo Morte, *compositor, arranjador, educador e produtor musical*

Gostaria de recomendar este método de bateria do meu amigo Percio Sapia, que tantas vezes tocou comigo e é uma graça de pessoa. Recomendo! Beijos

Leny Andrade, *cantora*

Minha admiração pelo trabalho do Percio vem de longa data. Finalmente ele teve essa ideia brilhante de registrar um pouco da sua vasta carreira acadêmica conosco. Tenho certeza de que será de grande valia essa contribuição, pois, além de grande pessoa, trata-se de ótimo músico. Prova disso é ter sido escolhido para substituir nada mais nada menos que o grande Rubinho Barsotti no lendário Zimbo Trio. Com certeza seu livro será um sucesso assim como é a sua carreira.

Vinicius Barros, *mestre-professor de percussão*

Para mim é cada vez mais claro que os bons livros, sejam eles provenientes das mais diversas áreas de interesse, são aqueles que passam a experiência pessoal de cada um, refletindo uma verdade intrínseca, intransferível e rica, ainda mais quando o assunto é música. Em especial, a arte de se tocar bateria, um instrumento único! Percio Sapia acumula em sua carreira formação e experiência notáveis, que foram muito bem traduzidas em um material educacional extremamente organizado e didático, com referências e ferramentas para que o aluno se desenvolva de forma eficiente e correta. Parabéns, meu irmão, meu amigo, meu professor, enfim, como diz você mesmo: "faltam páginas" para os adjetivos. Obrigado por esse presente para a bateria brasileira! Nosso mestre Rubinho está orgulhoso em dobro! Sua música sempre teve a sua "digital", e agora, conseguir personificar isso em um material didático da mesma forma não é pra qualquer um.
Vida longa, Percião!

Gilberto Favery, *músico, diretor do IP&T*

A pedido do autor, deixo aqui também algumas palavras. Conheci o Percio como professor do meu filho e a empatia foi imediata. Além do jazz rock nos anos 1970 e dos amigos em comum que trabalham com música, os assuntos foram inúmeros, facilitados por termos idade bastante próxima. Quando me preparava para gravar o primeiro CD depois de três anos parado, ele se ofereceu a assumir a bateria no lugar do Gigante Brasil, falecido em 2008. E de lá para cá, já fizemos quatro álbuns: *Policarpo e sua banda* (2014), *Lavar a Alma* (2017), *Quânticos* (2018) e *Quânticos 2* (2021). Obrigado, Percio, pela ponta firme em todos esses trabalhos, pelo clima alegre e afetuoso das gravações. E agora, parabéns pelo livro! Beijo em você e na família,

Filipe Moreau, *editor, escritor e músico*

Percio Sapia é músico, baterista e percussionista. Por mais de 40 anos deu aulas no CLAM – escola do *Zimbo Trio* – e foi quem substituiu o mestre e amigo Rubens Barsotti nos últimos cinco anos em que o grupo atuou, fazendo apresentações no Brasil e no exterior (Chile, Paraguai, Colômbia, França e China) e conquistando o *23º Prêmio da Música Brasileira* como "Melhor grupo instrumental de 2012".

Depois voltou às aulas particulares em estúdio próprio e no IP&T Giba Favery – Instituto de Percussão e Tecnologia –, participando também de inúmeros shows, workshops, gravações em CDs autorais e de outras bandas. Sua longa e importante trajetória artística é abordada no último capítulo deste livro.

Percio Sapia
drummer and producer

Portal: https://perciosapia.wordpress.com/

Facebook: https://www.facebook.com/PercioSapiaMusico

Instagram: https://www.instagram.com/PercioSapiaMusico

YouTube: https://www.youtube.com/PercioSapiaMusico

Hashtag Oficial: #perciosapiamusico

© 2021 Percio Sapia
Todos os direitos desta edição reservados à Laranja Original
www.laranjaoriginal.com.br

Edição **Filipe Moreau**
Projeto gráfico **Yves Ribeiro**
Fotografias (cap. 3) **Isabella Montanaro Sapia**
Revisão e produção executiva **Bruna Lima**

Dados Internacionais de Catalogação na Publicação (CIP)
(Câmara Brasileira do Livro, SP, Brasil)

```
Sapia, Percio
     Método de bateria / Percio Sapia. -- 1. ed. --
São Paulo : Editora Laranja Original, 2021.

     ISBN 978-65-86042-14-6

     1. Bateria (Música) - Instrução e estudo
2. Bateria - Métodos 3. Bateria - Música
4. Música I. Título.

21-55345                                      CDD-786.9
            Índices para catálogo sistemático:

  1. Bateria : Métodos de estudo : Música    786.9

  Maria Alice Ferreira - Bibliotecária - CRB-8/7964
```

Laranja Original Editora e Produtora Eireli
Rua Capote Valente, 1.198
05409-003 São Paulo SP
Tel. 11 3062-3040
contato@laranjaoriginal.com.br

Papel Pólen Bold 90 g/m²
Impressão Stilgraf
Tiragem 300 exemplares